미국 제조업은 왜 망했나

신현한

박영사

PREFACE

우리는 왜 다시 '산업자본'을 말해야 하는가? 오래전부터 산업은 낡은 단어가 되어 있었다. 공장, 노동, 설비, 기계, 용광로, 작업복… 이 단어들은 경제 신문보다 역사 교과서에 더 잘 어울리는 말처럼 느껴졌다.

플랫폼과 금융, 스타트업과 콘텐츠, AI와 데이터가 미래의 키워드라면, 산업은 과거의 그림자였다. 그러나 오늘, 우리는 다시 이 단어를 꺼낸다. 산업자본. 왜 지금 다시 산업자본인가? 그 이유는 하나씩 무너지고 있기 때문이다.

학교가 사라지고, 병원이 줄어들고, 청년이 도시를 떠나고, 중산층이 약해지고, 지역의 불빛이 희미해진다. 누가 이 도시를 지탱하고 있었는지를 우리는 산업이 떠난 뒤에야 깨닫는다.

산업은 단지 생산의 수단이 아니라, 삶을 지탱하는 구조의 근본이었다. 미국은 이 사실을 너무 늦게 깨달았다.

1980년대, 월가의 논리에 따라 기업들은 쪼개지고 팔렸고, 기술은 축소되고 공장은 닫혔다. 그리고 그 대가는 러스트벨트의 몰락, 중산층의 해체, 지역 공동체의 붕괴로 돌아왔다. 미국은 산업 없이도 버틸 줄 알았다. 그러나 결국 제조업을 되찾기 위해 수십 년의 시간을 쓰고 있다.

이 책은 그 과정을 기록하고, 같은 길을 걷고 있는 한국 사회에 질문을 던진다.

한국은 아직 산업이 살아 있다. 반도체가 있고, 배터리가 있고, 조선과 철강과 화학이 있고, 도시마다 산업단지가 존재하고, 기업마다 기술 인력이 있으며, 청년들은 여전히 '대기업'을 꿈꾼다. 그러나 동시에, 과도한 상속세, 반복되는 경영권 분쟁, 반재벌 정서와 정책의 불확실성은 산업자본이 스스로를 방어할 수 없게 만들고 있다.

그 결과, 공장은 해외로 나가고, 기술은 외국 자본에 팔리고, 기업은 방어에 에너지를 쓰고, 정치는 산업을 외면하고, 시민은 냉소에 빠진다.

이 책은 선언한다. 지금이 아니면 늦는다. 우리는 산업자본을 지켜야 한다. 그것은 재벌을 위한 것이 아니라, 우리 아이의 일자리를 위한 일이고, 중산층을 지키는 일이자, 복지를 유지하는 일이며, 국가를 지속 가능하게 만드는 일이다.

이 책은 미국 제조업 쇠퇴의 역사와 사례를 따라가며, 산업자본이 무엇을 의미했고, 무엇을 잃었고, 어떻게 다시 회복을 시도했는지를 살펴본다. 그리고 그 과정을 통해 지금 한국 사회가 무엇을 잃고 있는지, 무엇을 선택해야 하는지를 묻는다.

우리는 지금 다시 산업자본을 말해야 한다. 기술을 말해야 하고, 공장을 말해야 하며, 지역과 공동체를 말해야 한다. 그리고 그 모든 것을 연결하는 신뢰와 제도의 언어로 산업을 새롭게 정의해야 한다.

이 책은 그 첫 문장이다.

CONTENTS

CHAPTER

1

금융자본의 시대는 어떻게 시작되었나

1980년대 미국: 월가의 반격

1970년대 말, 미국은 자신감을 잃고 있었다. 오일쇼크가 초래한 고물가와 저성장은 경제 전체를 흔들었고, 세계 시장에서 일본과 독일 기업들이 두각을 나타내면서 미국 제조업은 밀리기 시작했다. 자동차는 일본차에, 전자제품은 소니와 파나소닉 등 일본 기업에 시장을 빼앗겼다. 철강, 농기계, 중공업도 마찬가지였다. 바로 이 시점에 금융자본이 무대의 중심으로 떠오른다. 그들은 말한다.

"이익이 나지 않는 사업을 왜 붙잡고 있죠? 자산을 팔고 주주에게 돌려주세요."

1970년대까지 미국 기업은 '성장'을 위한 경영을 중시했지만, 1980년대에 들어서면서 화두는 단 하나가 된다.

"주주가치(shareholder value)를 극대화하라."

이러한 흐름을 가능하게 한 정치적 배경에는 로널드 레이건 대통령이 있다. 그는 규제를 대폭 풀고, 기업 활동에 대한 정부 개입을 줄였다. 시장에 맡기자는 것이었다. 그 결과, 1980년대의 월가는 엄청난 자유를 얻게 되었고, 그들은 '자산을 더 효율적으로 활용하지 않는 기업'을 표적으로 삼기 시작했다.

주주가치 극대화와 적대적 M&A

1980년대는 '기업 사냥꾼(corporate raiders)'의 전성기였다. 그들은 대규모 자금을 차입해 기업의 주식을 사들이고, 기존 경영진이 원하지 않아도 회사를 강제로 인수했다. 이것이 이른바 적대적 인수합병(hostile takeover)이다. 기업사냥꾼의 대표적인 인물이 바로 칼 아이칸(Carl Icahn)이다. 그는 이렇게 말했다.

"내가 하는 일은 아주 간단하다. 비효율적인 기업을 사서, 가치를 올린 다음, 이익을 실현하고 떠나는 것이다."

그의 방식은 철저했다. 기업의 방만한 부서를 해체하고, 잉여자산을 팔아치운다. 이익이 되지 않는 부서는 즉시 정리한다. 때로는 이사회에 직접 들어가 경영진을 바꾸기도 했다. 하지만 아이칸의 전략은 기업의 장기 경쟁력이나 직원의 고용 안정과는 거리가 멀었다.

1986년, 그는 미국 최대의 철강회사 U.S. Steel(당시 USX)에 공개매수를 시도하며 전면전을 벌인다. 회사는 그를 막기 위해 자사주 매입, 부채 확대, 경영진 방어전략까지 총동원한다. 아이칸은 결국 물러났지만, 그 결과는 뼈아팠다.

이후 U.S. Steel은 공장 7곳을 폐쇄했고, 수만 명의 일자리가 사라졌다. 철강 산업의 쇠퇴가 단순한 시장 실패가 아니라, 월가의 전략적 선택에 의해 가속화되었다는 점은 분명했다.

금융과 제조업, 충돌의 서곡

이 시기를 상징하는 또 한 인물은 잭 웰치(Jack Welch)였다. GE의 CEO로서 그는 RCA를 인수한 뒤 거의 모든 제조사업을 정리했다. 웰치는 말했다.

"기업은 정체된 자산이 아니라, 수익을 내는 유기체여야 한다."

그는 RCA의 방송사업(NBC)만 남기고 나머지 부서를 모조리 매각했다. RCA는 한때 미국을 대표하는 전자기업이었지만, 인수된 지 몇 년 만에 '브랜드 이름만 남은 유령 회사'가 되었다. 미국의 TV 제조 기술과 생산라인도 함께 사라졌다.

제너럴모터스(GM)도 다르지 않았다. 1980년대 중반 GM 이사회에 합류한 로스 페로(Ross Perot)는 당시의 기업 문화를 강하게 비판했다.

"3만 명을 거리로 내쫓는 구조조정을 하면서, 동시에 나에게는 7억 달러를 안겨주는 회사를 도덕적이라 말할 수 있는가?"

그는 GM의 대규모 공장 폐쇄에 반대했고, 결국 이사회에서 축출됐다. 그리고 GM은 2000년대 금융위기 때 파산 보호 신청까지 하게 된다.

이러한 변화들은 하나의 흐름으로 연결된다. 금융자본은 단기 수익을 추구했고, 제조업은 점점 '팔 수 있는 자산'이 되었다. 미국 경제의 뿌리였던 생산, 기술, 노동, 지역공동체는 주가 그래프 뒤에

묻혀갔다.

누가 이 충돌에서 승리했는가

1980년대의 변화는 단순한 경제 모델의 전환이 아니었다. 그것은 자본이 실물에 대해 우위를 갖는 전환점이었고, 미국 제조업이 구조적으로 약화되는 출발점이기도 했다.

월가는 승리했다. 투자자들은 엄청난 수익을 거두었고, 적대적 M&A는 일시적으로 주가를 끌어올렸다. 그러나 그 대가는 컸다. 기업은 장기 투자보다 단기성과에 집중했고, 지역사회는 고용을 잃고 붕괴되기 시작했다. 무엇보다 미국은 더 이상 세계 제조업의 중심이 아니게 되었다. 이제 우리는 이 질문을 던질 수밖에 없다.

"그 모든 구조조정과 자산 매각은, 진짜 누구를 위한 것이었는가?"

CHAPTER

2

철강왕국의 붕괴 : US스틸과 러스트벨트의 몰락

제철소의 문을 닫는 도시들

한때 미국 동북부와 중서부에는 공장의 굴뚝이 숲의 나무처럼 많았다. 피츠버그, 영스타운, 클리블랜드, 버펄로, 디트로이트… 이 도시들은 강철, 자동차, 기계, 석탄, 화학 산업으로 활기를 띤, 말 그대로 산업제국의 심장이었다. 특히 펜실베이니아의 피츠버그는 "강철의 도시"라 불렸다. 세계 최대의 철강회사였던 U.S. Steel, 그 외 베들레헴 스틸, 앨러게니 루드럼 등 수많은 제철기업의 본사와 공장이 즐비했다. 이곳에서는 수십만 명이 일했고, 철강 노동자는 가족을 부양하며 내 집을 마련할 수 있었다.

하지만 1970년대 말부터 분위기가 바뀌었다. 수입 철강이 급증했고, 국내 산업용 수요는 줄어들었으며, 석탄과 전력 비용은 치솟았다. 기술투자는 정체되었고, 미국 제철소는 구식 설비에 발이 묶여 있었다.

1980년대에 접어들자 본격적인 붕괴의 시대가 시작된다. 1982년 피츠버그에서는 U.S. Steel이 첫 대규모 구조조정을 발표했고, 1984년까지 단 2년 만에 철강 노동자 4만 명이 일자리를 잃었다. 이 도시는 조용해졌고, 은행과 병원, 학교와 교회까지 문을 닫았다. 그리고 사람들은 이렇게 말했다.

"이건 불황이 아니다. 이건 해체다."

칼 아이칸의 공격과 방어적 구조조정

U.S. Steel은 위기를 타개하기 위해 1982년 대형 석유회사 마라

톤 오일(Marathon Oil)을 인수하며 사업 다각화를 시도했다. 전통적인 철강회사가 에너지 기업을 흡수한 것이다. 사명도 USX 코퍼레이션으로 바뀌었다. 그러나 이 조치는 곧 기업사냥꾼의 눈에 띄었다. 1986년, 월가의 대표적인 행동주의 투자자 칼 아이칸이 등장했다. 그는 USX 주식을 대거 매입하며 공개 선언했다.

“이 회사는 철강에 너무 많은 돈을 쏟고 있다. 마라톤 오일만 따로 떼어내도 훨씬 더 많은 수익을 얻을 수 있다.”

아이칸은 USX를 분할하고 철강 부문을 매각하라고 요구했다. 결국 그는 약 11%의 지분을 확보하며 경영권을 위협했고, USX는 이를 막기 위해 수천억 원 규모의 자사주 매입과 배당 확대, 자산 매각에 나선다. 이 모든 것은 ‘주주가치 방어’를 위한 조치였지만, 동시에 회사 곳곳에 큰 상처를 남겼다.

USX는 1980년부터 1988년 사이에 12개 제철소 중 7개를 폐쇄했고, 철강 부문 고용은 7만 5천 명에서 2만 명 이하로 줄어들었다. 사무직도 예외는 아니었다. 경영진이 있는 피츠버그 본사 인력 역시

3만 명에서 5천 명으로 감축되었다. 그리고 사람들은 묻기 시작했다.

"누구를 위한 구조조정인가?", "칼 아이칸은 주가를 올리고 떠나지만, 우리는 도시 전체를 잃는다."

아이칸은 1987년 초 인수 시도를 철회했지만, USX는 이미 철강회사에서 투자포트폴리오 기업으로 바뀌고 있었다.

노동자 없는 강철은 가능한가

1980년대 후반, U.S. Steel이 빠져나간 공장지대에는 고요함만 남았다. 오하이오주의 영스타운(Youngstown)은 이 변화를 상징하는 도시였다.

1977년 9월 19일, '블랙 먼데이'로 불린 이날, Youngstown Sheet and Tube Company가 제철소를 폐쇄하며 5천여 명의 노동자가 하루아침에 해고되었다. 그 여파는 지역 전체를 휘감았고, 지역사회는 극심한 실업과 우울증, 자살 증가, 가정 해체로 이어졌다.

Youngstown에서 1980년대에 실업급여를 받던 한 노동자는 인터뷰에서 이렇게 말했다.

"우리는 강철처럼 단단한 사람들이었다. 그런데 지금은 우리 자신이 녹슬고 있는 것 같다."

이 도시뿐만이 아니었다. 클리블랜드, 게리, 버펄로, 앨런타운, 그리고 피츠버그까지. '러스트 벨트(Rust Belt)'라는 말은 바로 이 폐허 위에서 만들어진 것이다.

1990년대에 들어서면 U.S. Steel은 철강 생산량 기준 세계 10위권 밖으로 밀려난다. 경쟁사였던 일본의 닛폰제철, 한국의 포스코, 중국의 바오산이 급부상하는 사이, 미국 철강업계는 계속된 구조조정과 인수합병 속에 기술 경쟁력을 잃어간다. 그리고 질문은 계속된다.

"더 싸고, 더 빠르고, 더 효율적인 철강이 있다면, 굳이 미국에서 철강을 만들 이유가 있는가?"

그런데 이 질문에는 다른 한 문장이 따라붙는다.

"하지만 공장은 떠났는데, 사람들은 남아 있다."

남은 사람들은 일자리를 잃었고, 집값은 반 토막이 났으며, 도시의 세수는 줄었다. 그 결과, 학교는 문을 닫고, 경찰관은 줄었고, 도시의 조명은 꺼졌다. 노동자 없는 강철은 가능했지만, 사람 없는 공동체는 불가능했다. 강철이 떠난 자리는, 기술이 아니라 사람의 문제를 남겼다.

보고서 U.S. Steel과 러스트벨트의 몰락: 산업 번영에서 붕괴까지

미국 러스트벨트(Rust Belt) 지역은 한때 세계 제조업의 심장부로 번영했으나, 20세기 후반 산업 쇠퇴로 큰 타격을 받았다. 특히 미국 최대 철강 기업 U.S. Steel(United States Steel Corporation)의 흥망은 러스트벨트 도시들의 부흥과 몰락을 상징적으로 보여준다. 아래에서는 U.S. Steel의 성장과 전성기, 1970~80년대 구조적 변화의 물결, 이어진 쇠퇴 과정, 그리고 지역사회에 남은 장기적 충격을 순차적으로 살펴본다.

몰락의 배경: U.S. Steel의 성장과 러스트벨트 도시들의 산업적 번영

U.S. Steel은 1901년 J.P. 모건에 의해 설립되어 세계 최초로 자산 10억 달러 규모의 기업이 되었고studocu.com, 이후 수십 년간 미국 철강 산업의 상징적 거인

1941년 피츠버그에 있던 Jones & Laughlin 제강소의 야경
20세기 중반 러스트벨트의 제철소들은 이처럼 24시간 굴뚝에서 연기를 뿜어내며 미국 경제를 떠받쳤다.

으로 군림했다. 피츠버그, 클리블랜드, 영스타운과 같은 러스트벨트 도시들은 철강과 자동차 등을 중심으로 한 제조업 호황에 힘입어 급성장하여 각자의 인구와 경제력이 정점에 달했다. 예를 들어 클리블랜드는 1950년에 인구 약 91만 명으로 최고치를 기록했으며physics.bu.edu, 영스타운 역시 철강 전성기였던 1930년에 인구 17만 명으로 정점을 찍었다en.wikipedia.org.

1950년 당시 미국은 전 세계 조강(粗鋼) 생산의 거의 절반을 차지할 정도로 압도적인 위상을 자랑했고doczz.net, 이 같은 생산력은 러스트벨트의 거대한 공장 지대가 뒷받침했다. 대형 제철소와 자동차 공장은 수십만 개의 일자리를 창출하며 전후 중산층 가정의 삶을 안정시켰다. 당대 철강 노동자들은 비교적 높은 임금과 풍부한 복지 혜택을 누렸고frontiergroup.org, 도시에는 세수 증가로 학교, 도로 등 사회 기반시설이 확충되어 산업 도시의 황금기를 구가했다. 그러나 이러한 번영은 영원하지 않았고, 몇 십 년 뒤 거대한 변화의 파도가 밀려오게 된다.

변화의 물결: 1970~80년대의 국제 경쟁과 구조적 도전

1960년대 후반부터 조짐이 보이던 산업 환경 변화는 1970~80년대에 들어 본격적으로 러스트벨트를 뒤흔들었다. 미국 철강 산업은 다음과 같은 구조적 도전에 직면했다.

- 국제 경쟁 심화: 전후 복구를 마친 일본과 서유럽의 철강사들이 최신 설비로 생산을 늘리면서 미국의 세계 시장 점유율은 급격히 하락했다. 실제로 1950년에 전 세계 철강 생산의 50% 가까이를 미국이 차지했으나 1984년에는 12% 미만으로 떨어졌고, 미국은 1959년부터 철강 순수입국으로 전환되었다doczz.net. 값싼 외국산 철강재의 공세에 대응하여 미국 정부는 수입 규제와 반덤핑 제소 등을 시행했지만, 국제 무역 질서 변화 속에 국내 업계의 입지는 흔들렸다.
- 기술 투자 정체: 1950~60년대 미국 철강사들은 국내 시장에서 경쟁이 적었던 탓에 생산성 향상과 설비 현대화 노력이 부족했다minneapolisfed.org. 그 결과 1970년대 들어 기술 격차가 벌어졌는데, 일본과 유럽은 연속주조 등 신공법을 빠르게 도입한 반면 미국의 전통적 제강소들은 노후 설비에 머물렀다. 미니밀(mini-mill)로 불리는 소규모 전기로 제강 업체들이 미국 남부와 서부에서 부상

했지만, 러스트벨트의 거대 통합 제철소들은 변화에 둔감하여 비용 경쟁력이 떨어졌다.

- 에너지 비용 상승: 1973년과 1979년 두 차례의 오일쇼크로 원유 및 연료 가격이 폭등하자, 에너지 다소비 산업인 제철업은 직격탄을 맞았다. 고로(용광로) 가동에 막대한 전력과 연료가 필요한데 에너지 비용이 크게 뛰면서 제철소 운영비가 가중되었다. 동시에 오일쇼크로 인한 경기 침체로 철강 수요마저 둔화되어, 1970년대 후반 철강사들은 판매 감소와 비용 상승의 이중고를 겪었다.
- 노동 비용과 노사 관계: 1970년대 미국 철강 노동자들은 강력한 노조를 바탕으로 후한 임금 인상과 복지 향상을 이루어냈다. 특히 1973년 체결된 철강노조 협약은 노동자들에게 당시 세계 최고 수준의 임금을 보장했는데frontiergroup.org, 이는 이후 기업 부담으로 작용했다. 1980년대 초 업계 위기가 닥치자 노사는 큰 갈등을 빚었고, 일부 제철소에서는 장기간 파업이 발생하여 생산 차질을 빚기도 했다. 높아진 인건비와 경직된 노사 관계는 기업들이 위기 대응을 위해 유연하게 움직이는 것을 어렵게 만드는 요인이 되었다.

이러한 요인들로 인해 1970년대 후반 러스트벨트 산업 지형에는 금이 가기 시작했다. 해외 경쟁사들은 품질과 가격 면에서 우위를 점하며 미국 시장을 잠식했고, 기술적 정체와 비용 상승으로 미국의 노후 산업 구조는 한계를 드러냈다minneapolisfed.org. 그 결과 1980년대에 접어들면서 U.S. Steel을 비롯한 전통 제조업체들은 대대적인 변화 없이는 생존을 담보하기 어려운 상황에 몰렸다.

몰락의 전개: 대규모 구조조정, 행동주의 투자자 개입, 제철소 폐쇄와 대량 실직

1970년대 후반부터 1980년대에 이르는 기간 동안 러스트벨트의 쇠퇴는 눈덩이처럼 현실이 되었다. 1977년 9월 19일, 오하이오주의 산업 도시 영스타운에서는 미국 제조업 쇠퇴의 상징적 사건이 벌어졌다. 이날 영스타운 최대의 제철소였던 영스타운 시트앤드튜브(Youngstown Sheet & Tube)가 돌연 공장 폐쇄를 발표했고, 일주일 만에 5,000명의 노동자가 한꺼번에 일자리를 잃었다pittsburghquarterly.com. 지역 언론은 이 날을 "블랙 먼데이"라고 칭했으며, 이는 한 세대에 걸친 지역 몰락의 신호탄이었다. 영스타운에서는 이후 다른 제철소들도 차례로 문을 닫아 1980년대 초까지 총 5만 개에 이르는 일자리가 사라졌다. 그 충격은 "잔물결이 아니라 해일과 같았다"는 표현처럼 지역 경제 전반을 휩쓸어버렸다pittsburghquarterly.com.

영스타운뿐만 아니라 피츠버그를 비롯한 펜실베이니아 서부, 오하이오 북동부, 미시간 등의 러스트벨트 핵심 지역 전반이 비슷한 충격을 겪었다. 미국 제조업의 심장부였던 피츠버그 대도시권은 1980~1983년, 불과 3년 사이에 약 9만 5천 개의 제조업 일자리가 증발했고frontiergroup.org, 그 중 상당수가 철강 부문이었다. 클리블랜드, 디트로이트 등 다른 공업 도시들도 1980년대 초 심각한 경기침체와 구조조정으로 대규모 해고가 속출했다. 한때 수천 명을 고용하던 제강 공장들은 가동을 멈추었고, 설비는 가동 중단 또는 폐쇄되었으며, 러스트벨트의 몰락이 가시화되었다.

이러한 산업 위기 속에서 U.S. Steel도 생존을 위한 대규모 구조조정과 전략 변화를 단행했다. 우선 사업 포트폴리오를 바꾸는 기업 다각화 전략이 추진되었다. 1982년 U.S. Steel은 철강 이외의 안정적 수익원을 확보하기 위해 정유회사인 마라톤 오일(Marathon Oil)을 약 64억 달러에 인수했다latimes.com. 이 인수를 통해 회사 이름을 USX 코퍼레이션으로 바꾸고 철강 외에 에너지 사업을 두 축으로 삼는 변신을 꾀했다. 당시 U.S. Steel 경영진은 철강 의존도를 줄이고 정유업에서 나온 이익을 철강 부문의 손실을 메우는 재무적 방파제로 활용하려 했는데, 실제로 1980년대 초 철강 부문의 적자를 메우는 데 석유 부문 수익이 큰 역할을 했다latimes.com.

동시에 U.S. Steel은 대대적인 감산 및 합리화 조치를 시행했다. 1980년대에 펜실베이니아주 피츠버그 인근의 노후 제철소 여러 곳을 영구 폐쇄하고, 오하이오주의 한 제철소는 일본 기업과의 합작으로 전환하여 운영 부담을 줄였다latimes.com. 설비 측면에서도 경쟁력 강화를 위해 약 35억 달러를 투입해 최신 기술을 도입하고 자동화를 추진했다latimes.com. 이러한 극단적인 몸집 줄이기와 투자 덕분에 생산성이 향상되어, 1980년대 후반에는 U.S. Steel의 철강 생산 원가가 크게 낮아졌고 세계 시장에서도 경쟁력을 어느 정도 회복했다latimes.com. 실제로 1989년에는 U.S. Steel이 일본에 철강 제품을 수출할 정도로 효율이 개선되었고, 철강 부문에서 4억 3천만 달러의 영업이익을 기록하며 부분적 회생에 성공했다

latimes.com.

하지만 이러한 내부 노력에도 불구하고, 시장의 시각에서 USX(옛 U.S. Steel)는 기업 가치 부진에 시달렸다. 1980년대 후반까지 주가가 저평가되어 있다는 불만이 투자자들 사이에 팽배했고, 마침내 행동주의 투자자의 표적이 되었다. 월가의 대표적인 기업 사냥꾼인 칼 아이칸(Carl Icahn)은 1986년부터 USX 주식을 대거 매입하여 1990년경에는 지분 약 13%를 확보한 최대 주주로 부상했다latimes.com. 아이칸은 1990년 5월 USX 주주총회를 앞두고 공개적으로 기업 분할을 요구하며 경영진과 대립했다. 그의 제안은 USX를 둘로 쪼개 정유 자산은 하나의 회사로, 철강 자산은 전통의 "U.S. Steel"이라는 이름을 단 별도 회사로 만들자는 것이었다 latimes.comlatimes.com. 아이칸은 이렇게 하면 "부분의 가치 합이 현재 전체 가치보다 크다"며 주주들에게 지지를 호소했다. 그는 분사를 통해 주주들이 철강 사업의 가치에 상응하는 신규 주식을 배당받게 되고, 에너지 부문은 석유 사업에 관심있는 투자자들이 제대로 평가해줄 것이라고 주장했다latimes.com. 심지어 아이칸은 자신의 계획이 받아들여지면 USX 전부를 주당 48달러에 인수할 의향도 있다고 언급하며 압박 수위를 높였다latimes.comlatimes.com.

아이칸의 공격에 대해 USX 경영진과 노조는 강하게 반발했다. 당시 회장이던 찰스 코리(Charles Corry)는 아이칸의 분할안이 "철강 부문의 신용 우산(credit umbrella)를 거둬버려 오히려 회사를 약화시킬 것"이라고 경고했다latimes.com. 정유 부문 수익으로 철강 부문을 뒷받침하는 현재 구조 덕분에 어려운 철강 경기를 버티고 있는데, 둘을 분리하면 철강 회사가 불안정해지고 장기적으로 주주 가치에 해가 될 것이라는 주장이다. U.S. Steel 노동자들의 노조 역시 "아이칸의 제안은 회사의 전통적 목적에서 또 한 번 이탈하는 오류"라며 철강 사업의 기반 약화를 우려했다latimes.com. 1990년 5월 주주총회에서 아이칸의 분할 제안은 최종적으로 과반 지지를 얻지 못해 부결되었다. 그러나 이 위임장 대결은 USX 이사회에도 압력을 가했고, 결국 경영진은 주주 가치를 높이기 위한 타협책을 모색하게 되었다 latimes.com. 그 결과 아이칸은 이듬해 자신이 원하던 대로 철강 부문과 에너지 부문의 실질적 분리를 이끌어내는 데 성공한다. 1991년 USX는 철강 사업을 별도 자회사로 조직하고 정유 부문(마라톤)은 따로 운영하도록 구조를 재편했으며, 아이칸은 이에 만족하고 보유 지분을 전부 처분하며 물러났다latimes.com. 훗날 2002년에 USX는 이 구조를 완전히 법적 분할하여 철강 부문을 다시 U.S. Steel Corporation이라는 독립 상장회사로 스핀오프하게 되는데, 아이칸의 압박이 그 단초를 제공한 셈이다.

한편, 1980년대 후반까지 미국 철강 업계의 전반적인 몰락의 추세는 돌이킬 수 없을 만큼 진행되어 있었다. U.S. Steel을 포함한 기존 거대 철강사들은 생산량과 고용을 예전 수준으로 회복시키지 못했고, 베들레햄 스틸(Bethlehem Steel) 등 경쟁사들은 결국 2001년 파산을 맞이하기도 했다. 러스트벨트 지역의 제조업 중심 경제는 구조적으로 쇠퇴하여, 한 시대를 풍미했던 산업 지배력은 역사의 한 장으로 넘어가게 되었다.

지역사회의 붕괴와 장기적 영향
: 실업, 인구 유출, 세수 감소, 도시 기반시설 악화

철강산업과 제조업의 붕괴는 러스트벨트 지역사회에 깊은 상흔을 남겼다. 수만 명의 숙련 노동자들이 한꺼번에 일자리를 잃으면서 해당 지역 실업률 급등과 경기 침체가 장기화되었다. 일자리와 삶의 희망을 찾아 젊은 층을 중심으로 대거 인구 유출이 일어났다. 그 결과 많은 러스트벨트 도시들은 인구가 급감하며 쇠퇴의 길을 걸었다. 피츠버그가 속한 펜실베이니아 서남부 지역은 1980년대에 인구의 약 8%를 잃었는데, 이 시기 15만 개에 달하는 일자리 상실로 특히 청년층의 탈지역이 두드러졌다pittsburghquarterly.com. 클리블랜드의 경우 1950년 91만 4천 명이었던 도시 인구가 1990년에는 50만 5천 명 수준으로 거의 반토막 났으며physics.bu.edu, 디트로이트는 1950년대 185만 명에서 1990년 100만 명 아래로 떨어졌다. 특히 영스타운이 위치한 오하이오 마호닝 밸리는 철강산업 붕괴 이후 인구가 절반 가까이 줄었고, 지역 경제를 떠받치던 제조업 외곽 업종들(부품공장, 물류, 서비스업)도 연쇄 붕괴하여 악순환의 도미노가 일어났다en.wikipedia.org.

세수 기반의 붕괴는 지방 정부의 재정 악화를 불러왔다. 대형 공장과 인구가 사라지면서 도시의 재산세, 소득세 수입은 급감했고, 그로 인한 예산 부족은 경찰·소방 등 필수 서비스와 학교·도로 같은 공공시설 유지에도 타격을 주었다. 산업 몰락의 충격이 극심했던 클리블랜드시는 1970년대 재정 위기를 겪다 1978년 대공황 이후 미국 대도시 최초로 채무 불이행(default)을 선언하는 지경에 이르렀다 clevelandvintage.com. 이처럼 도시 정부마저 기능 부전을 일으키면서, 러스트벨트의 많은 지역사회에서는 치안 악화와 사회 복지망 약화가 나타났다.

폐허로 남은 제철소 건물

1987년 폐쇄된 펜실베이니아주 McKeesport의 내셔널 튜브(National Tube Works) 제강공장 잔해

한때 지역 경제를 떠받치던 공장이 문을 닫은 뒤 이렇게 버려진 채 남아 있다. 이러한 흉물스럽게 방치된 폐산업 시설들은 주변 환경을 해치고, 새로운 투자 유치를 어렵게 만드는 도시 재생의 장애물이 되었다. 한편 주택가에는 사람들이 빠져나간 빈 집들이 늘어갔다. 영스타운의 경우 한때 전국 최고 수준의 자가 주택 소유율을 자랑하던 도시가 이제는 버려진 빈집을 철거할 예산조차 부족할 정도로 재정이 열악해졌다pittsburghquarterly.com. 주민 감소→세수 감소→서비스 악화로 이어지는 도시의 악순환 속에, 많은 러스트벨트 도시들은 기반시설이 노후화되고 공공시설이 방치되면서 삶의 질이 현저히 떨어졌다.

이러한 장기적 충격은 단순한 경제 지표 이상의 의미를 갖는다. 러스트벨트 지역은 인구 유출로 노령화가 진행되어 지방 사회의 활력이 줄어들고 있으며 pittsburghquarterly.com, 한때 번영했던 도시들은 축소된 인구에 맞게 도시 구조를 재편해야 하는 도전에 직면했다. 또한 제조업 일자리 붕괴로 지역 정체성 상실과 공동체 해체의 아픔이 뒤따랐다. 한 세대를 풍요롭게 했던 일자리들이 사라지자 청장년층은 떠나고 남은 주민들은 상대적 빈곤과 심리적 박탈감을 겪는 사례가 많았다. 도시의 세대 간 사회 이동 사다리가 무너지고, 일부 지역은 범죄와 마약 등의 사회 문제에 취약해지기도 했다.

한편, 러스트벨트의 몰락은 국가적 차원에서도 정치·사회적인 여파를 남겼다. 산업 일자리 감소에 대한 불만과 상실감은 2010년대 이후 미국 정치에서 포퓰리즘과 보호무역 여론의 성장으로 이어졌다. 제조업 붕괴로 어려움을 겪은 펜실베이니아, 오하이오, 미시간 등의 주민 상당수가 2016년 대통령 선거에서 변화를 약속하는 후보에게 표를 던진 것은 이러한 맥락과 무관하지 않다frontiergroup.org frontiergroup.org. 이처럼 U.S. Steel과 러스트벨트 도시들의 쇠퇴 과정은 단순한 경제사의 한 장면이 아니라, 지역사회와 국가 경제 구조 전반에 걸쳐 복합적인 영향을 미친 사건으로 평가된다.

칼럼 철강은 끝난 산업이었을까? US스틸은 회생할 수 있었나?

1980년대 미국의 제철산업은 '끝난 산업'이라는 낙인이 찍혔다. U.S. Steel(USX)은 그 쇠퇴의 상징이었다. 러스트벨트의 붕괴, 제철소의 폐쇄, 대규모 실업… 누구도 의심하지 않았다. "철강은 더 이상 미국에서 만들 이유가 없다"고 말하던 시절이었다.

하지만 정말 그랬을까? US스틸은 살아남을 수 없었을까? 수익성 있는 회사로 돌아올 방법은 없었을까? 이 질문에 대한 답은 간단하지 않지만, 단언할 수 있는 것은 하나다.

"불가능한 것은 아니었다. 그러나 그 길은 월가가 원하는 방향이 아니었다."

구조적 문제: 기술 투자 없이 가격 경쟁만

1980년대 미국 철강산업의 경쟁력 저하는 일부 구조적 요인과 맞물려 있었다. 먼저, 주요 제철소의 설비는 1950년대 방식에 머물러 있었고, 자동화 수준은 낮았다. 노동조합과의 복잡한 협상구조, 고임금 계약도 생산비를 높이는 원인이었다.

한편, 일본과 유럽은 미니밀(mini-mill)이나 연속 주조 기술, 그리고 효율적인 생산라인을 갖추고 있었고, 이는 미국보다 20~30% 낮은 단가를 가능하게 했다. 그러나 이 시점에도 미국에는 기회가 있었다. US스틸은 여전히 막대한 자산, 글로벌 브랜드, 안정적인 내수 기반을 갖고 있었다. 다만, 문제는 이 기회를 기술 투자나 생산 개편으로 연결하지 못했다는 점이다.

'방어 전략'이 부른 자기 해체

US스틸은 1982년 마라톤 오일을 인수하면서 에너지 부문으로 다각화를 시도했다. 이것이 장기 전략이었다면 나름의 타당성이 있었을 것이다. 그러나 이 인수는 곧 월가의 표적이 되었다.

1986년 칼 아이칸이 적대적 인수를 시도하자, 회사는 이를 방어하기 위해 막대한 자금으로 자사주를 매입하고, 배당을 확대하고, 비핵심 자산을 매각했다. 그리고 철강 부문에서는 공장 폐쇄, 인력 감축, 설비 축소로 대응했다.

즉, US스틸은 투자 대신 수축, 기술 혁신 대신 해체, 경쟁력 강화 대신 자산 매각을 택한 것이다. 이는 '경영 방어'에는 효과적이었지만, 장기 생존 전략에는 정반대였다.

살아남은 철강 기업들은 무엇이 달랐나

흥미롭게도 같은 시기 미국 내 다른 철강기업들은 생존에 성공했다. 대표적인 예가 뉴코어(Nucor)다. 이 회사는 전통 제철소 대신 전기로 기반의 미니밀 체계, 낮은 고정비 구조, 유연한 인력운영, 그리고 지속적인 설비투자를 통해 생산성을 높였다. 또한 일본의 신일본제철(현 일본제철), 한국의 포스코, 룩셈부르크의 아르셀로르 등은 기술 투자와 생산 합리화로 세계 시장에서 미국 철강업을 빠르게 추월했다. 이들 기업이 선택한 것은 기술 중심의 장기 전략이었고, US스틸이 택한 것은 자산 중심의 단기 방어 전략이었다.

가능했던 또 다른 미래

만약 US스틸이 1980년대 초부터 전기제철 방식으로 일부 생산라인을 전환하고, 자동화 설비에 투자하며, 친환경 기술로 중장기 경쟁력을 준비했다면 어땠을까? 물론 노조와의 마찰, 초기 자본투입의 부담은 있었겠지만, 긴 안목을 가진 경영과 정책적 지원이 있었더라면, 오늘날에도 미국 철강의 중심에 U.S. Steel이 남아 있었을지 모른다. 그 가능성을 증명하듯, US스틸은 2023년 일본제철(Nippon Steel)에 인수되며 또 한 번 화제가 되었다. 미국의 철강 산업이 미국의 자산이 아닌 시대가 도래한 것이다.

남겨진 질문

제조업은 정말로 수익을 낼 수 없는 산업인가? 아니면, 수익이 나지 않는 구조로 만들어진 것인가? US스틸은 스스로 무너진 것일 수도 있다. 기술을 버리고, 사람을 줄이고, 투자 대신 방어에만 집중한 결과 말이다. 미국은 이 대가를 치렀고, 러스트벨트는 그 흔적을 고스란히 간직하고 있다.

분석 오늘날 포스코·현대제철이 선택해야 할 5가지 전략적 방향

미국 철강의 실패에서 배우는 간접적 통찰

1. "현금 흐름이 아니라 기술 흐름을 관리하라"

US스틸은 수익이 악화되자 설비투자와 기술개발부터 줄였다. 그 결과, 일본·한국·중국의 철강업체들에게 기술 격차를 따라잡히고 말았다.

포스코와 현대제철은 지금 이익이 나는 순간에도 수소환원제철(HyREX, HyIron) 같은 탈탄소 미래기술 투자를 늦추지 말아야 한다. 기후위기 대응 규제가 본격화될 2030년 이후, 지금의 탄소 기반 고로 체제로는 글로벌 시장에서 생존이 어렵다.

☞ 기술은 비용이 아니라 미래의 무기다.

2. "가동률이 아니라 공급망을 지켜라"

미국은 '산업 가동률' 수치만 보고 공장을 닫았다. 하지만 그와 함께 협력업체, 운송망, 기술자, 현장 인프라도 함께 사라졌다.

한국 철강은 단순히 철만 만드는 것이 아니라, 조선 · 건설 · 자동차 · 방산 등 다양한 산업에 기술 · 공정이 연동된 공급망의 중심축이다. 이 연결성을 끊는 순간, 전체 산업경쟁력이 약화된다.

☞ 포스코와 현대제철은 철강 공급망 전체의 플랫폼화 전략을 구축해야 한다. 단지 판매가 아니라, 함께 설계하고, 함께 투자하며, 함께 전환하는 모델이 필요하다.

3. "수출만이 아니라 지역을 살펴야 한다"

US스틸은 수익성만을 보고 공장을 닫았고, 그 결과 피츠버그는 고용과 세수를 잃고 도시가 무너졌다.

포스코(포항 · 광양), 현대제철(당진)은 지역의 경제 · 고용 · 인구 기반 그 자체다. 공장은 기업의 자산이지만, 지역사회에겐 도시의 심장이다.

☞ 기업은 지역에 대해 '투자자'가 아니라 '공동 설계자'여야 한다. 지역 대학과 R&D 연계, 고교-공장 인재 루트, 산업 인프라 투자 등 지역공생형 전략적 의무를 장기적으로 재정립해야 한다.

4. "정치적 방관을 두려워하라"

미국은 철강산업이 무너질 때 정치가 방관했다. 그 결과는 한 세대에 걸친 공동화와 탈산업화의 고착이었다.

한국에서도 철강산업은 여전히 세수·고용·수출을 책임지는 핵심 업종이지만, 사회적 존중과 제도적 지원은 빠르게 약화되고 있다.

☞ 정부의 산업정책이 플랫폼 · AI·바이오에 쏠릴수록, 철강은 구조적 사각지대가 된다. 지금은 정부에 손을 내미는 게 아니라, 정부와 함께 산업의 장기 전략을 함께 기획하는 테이블을 만들어야 할 때다.

5. "기술은 수출할 수 없다. 산업은 남아야 한다"

미국은 기술을 팔았고, 산업을 외국 자본에 넘겼다. 그러나 진짜 중요한 것은 수출이 아니라, 국내에 산업기지가 있는가의 여부다.

포스코와 현대제철이 모든 고급강판을 해외에서 만들고, 국내는 유통과 수입에만 의존하게 되는 순간, 한국은 철강 기술국이 아니라 소비국으로 전락하게 된다.

☞ 수출과 글로벌화를 추진하되, 반드시 "국내 고급소재 핵심 생산라인 유지"라는 레드라인은 지켜야 한다.

결론

한국 철강산업은 아직 기회가 있다. 그러나 지금 이 시점에 기술과 사람과 도시를 잇는 장기적 선택을 하지 않는다면, 포항과 광양도, 당진과 군산도 미국의 디트로이트, 피츠버그가 겪은 경로를 그대로 반복하게 될 것이다.

수익이 날 때 구조조정을 멈추고, 성장할 때 기술에 투자하고, 흑자일 때 지역을 붙드는 기업만이 산업자본으로 살아남는다.

포스코와 현대제철은 그 선택을 지금 할 수 있다. 지금이 아니라면, 언제도 늦을 수 있다.

CHAPTER

3

자동차 제국의 침몰
: 제너럴 모터스와 디트로이트의 몰락

'자동차 도시'에서 유령도시로

한때 디트로이트는 '모터시티(Motor City)'로 불렸다. 포드, 크라이슬러, 그리고 제너럴 모터스(GM)가 자리잡은 이 도시는 미국 자동차산업의 심장이었다. 한 세기 전 헨리 포드가 컨베이어 벨트를 도입하며 대량생산체제를 확립한 곳, 바로 그 도시였다.

1970년대까지도 GM은 세계 최대의 자동차 회사였고, 디트로이트 시민 5명 중 1명은 자동차 산업에 종사하고 있었다. 자동차를 만들기 위해 철강, 고무, 유리, 전자부품, 물류 등 수많은 산업이 얽혀 있었고, 도시는 살아 숨 쉬는 공장 같았다.

그러나 1980년대에 들어, 엔진은 천천히 멈춰가기 시작했다. 일본의 도요타, 혼다, 닛산이 연비 좋고 품질 좋은 차를 들고 미국 시장에 진입했고, GM은 그에 속수무책이었다. 게다가 오일 쇼크 이후 소비자들은 더 작은 차, 더 효율적인 차를 원했지만, GM은 여전히 대형차와 트럭에 머물러 있었다. 변화는 느렸고, 위기는 빨랐다.

1986년, 해고의 도시

GM은 수익성을 회복하기 위해 결단을 내린다. 1986년, 북미에서만 11개 공장 폐쇄, 2만 9천 명 감원이라는 발표가 이어졌다. 이는 GM 역사상 최대 규모의 구조조정이었다. 디트로이트, 플린트, 포인트클레어, 앤더슨, 브라운스타운… 자동차 산업에 기대 살아가던 도시들이 하루아침에 생존을 걱정하는 마을로 바뀌었다. 당시 미시간 주지사는 이렇게 말했다.

"오늘은 미시간주의 역사에서 가장 암울한 날이다. 이는 경제적 사건이 아니라, 사회적 충격이다."

특히 디트로이트의 중심에 있던 Cadillac 조립공장은 상징적인 타격이었다. 수천 명이 일자리를 잃었고, 그들의 가족, 가게, 학교, 지역 병원까지도 함께 흔들렸다. 공장 해체는 단지 고용의 문제만이 아니었다. 그것은 지역사회의 인프라가 함께 무너지는 경험이었다. 플린트(Flint)에서는 공장 폐쇄 당시 한 노동자가 이렇게 말했다.

"우리는 자동차를 만들며 미국을 움직여왔다. 그런데 지금은 나에게 돌아올 엔진 소리조차 없다."

로스 페로와 '7억 달러의 이별'

GM 내부에서도 변화에 대한 갈등은 있었다. 1984년, GM은 전산서비스 업체 EDS를 인수하며 새로운 기술 기반을 도입하려 했다. 이 인수와 함께 GM 이사회에 합류한 인물이 있었으니, 바로 로스 페로(Ross Perot)였다. 그는 당시 EDS의 창업자이자 카리스마 넘치는 경영자였고, GM 내부의 관료주의와 변화 회피 문화에 거침없이 비판을 가했다. 페로는 말했다.

"GM은 화성에서나 통할 듯한 의사결정을 한다. 현장 감각도, 시장의 목소리도 없다."

그는 거듭 구조조정보다는 혁신과 품질 개선을 강조했다. 하지만 GM의 주류 경영진은 그를 불편해했고, 결국 1986년, GM은 페로의 보유지분을 무려 7억 5천만 달러에 회수하며 페로를 퇴출시킨다. 기자들이 왜 떠나는지 묻자, 페로는 대답했다.

"GM은 3만 명을 해고하면서, 나에게는 7억 달러를 주었다. 도덕적으로 납득할 수 없다."

이 발언은 전국적인 공분을 불렀고, GM이 직면한 윤리적 · 전략적 위기를 상징했다.

자동차 회사인가, 금융 회사인가

GM은 구조조정을 반복하면서 점점 이상한 방향으로 나아갔다. 본업인 자동차 판매보다, 할부 금융과 대출 서비스를 담당하는 GMAC(General Motors Acceptance Corporation)의 이익이 더 커지기 시작한 것이다.

2000년대 초, GM의 전체 이익 중 80% 이상이 금융사업에서 발생했다. GM은 점점 "자동차를 만드는 금융회사"로 변질되고 있었다. 자동차 자체의 경쟁력, 품질, 연비, 디자인은 후순위가 되었고, 주가와 신용등급이 우선되었다.

2005년 GM은 결국 투자등급을 잃고 '정크본드' 수준으로 전락

한다. 그리고 2009년, 글로벌 금융위기의 여파 속에 미국 역사상 최대 규모의 제조업 파산을 기록하게 된다. 미 정부는 긴급 구제금융을 통해 GM을 살렸지만, 그 과정에서 수많은 부문이 매각되고, 브랜드가 정리되었으며, 수만 명이 일자리를 떠났다.

디트로이트의 몰락은 누구의 책임인가

GM이 구조조정과 금융화를 반복하던 수십 년 동안, 디트로이트는 서서히 무너졌다. 1980년대 이후 인구는 절반 이하로 줄었고, 도심에는 유령 건물과 빈 주택들이 가득했다. 학교는 폐쇄되었고, 범죄율은 치솟았다. 그리고 2013년, 마침내 디트로이트는 미국 역사상 가장 큰 지방자치단체 파산을 선언한다. 한 도시의 경제 기반이 무너질 때, 그 충격은 다음 세대까지 이어진다. 자동차는 여전히 생산되고 있었지만, 더 이상 그 지역 주민들이 만드는 것은 아니었다. GM은 살아남았지만, 그를 떠받치던 도시와 사람들은 버림받았다. 이 질문은 남는다.

"산업은 회복될 수 있지만, 공동체는 어떻게 회복하는가?"

GM과 디트로이트의 사례는, 제조업의 위기가 단지 기술 경쟁력의 문제가 아니라 사람과 도시의 생존이라는 사실을 일깨워준다.

보고서 GM과 디트로이트 몰락의 전개 과정

한때 세계 자동차 산업의 심장부였던 제너럴 모터스(GM)와 미국 디트로이트시는 20세기 중반 찬란한 전성기를 누렸으나, 이후 수십 년간 여러 구조적 변화에 제대로 대응하지 못해 급격한 쇠퇴를 겪었다. 이 보고서에서는 역사적 맥락, 경제 구조 변화, 기업 전략, 사회적 충격의 측면에서 GM과 디트로이트 몰락의 전개 과정을 살펴본다. 각 부문은 개별적으로 이해될 수 있도록 서술되었지만, 전체를 종합하면 거대한 제조업 도시와 기업이 어떻게 시대적 변화에 의해 몰락해갔는지 입체적으로 드러날 것이다.

산업의 황금기: GM과 디트로이트의 전성기

1920년경 디트로이트는 자동차 산업의 성장에 힘입어 미국에서 인구 규모 4위의 도시로 부상했고, 이후 1950~60년대에 절정기를 맞았다en.wikipedia.org. 제2차 세계대전 이후 미국 경제가 호황을 구가하는 가운데, 디트로이트의 자동차 공장들은 수십만 명의 일자리를 제공하여 거대한 중산층 계층을 형성했다theguardian.com. 당시 자동차 산업의 고임금 안정적 일자리는 미국式 자본주의 성공의 상징으로 여겨졌고, "GM에 좋은 것이 미국에 좋다"는 말까지 나올 정도로 GM의 흥망은 국가 경제와 동일시되었다. 실제로 1950년 디트로이트 인구는 약 185만 명에 달해 역사상 최고치를 기록했으며 미국에서도 손꼽히는 거대 도시였다en.wikipedia.org.

이러한 자동차 산업의 황금기에 힘입어 디트로이트는 활력 넘치는 세계적 도시로 군림했다. 도시 경제가 번영하면서 모타운(Motown) 음악과 같은 독창적인 도시 문화가 꽃피웠고, 디트로이트산 자동차 디자인과 기술은 세계 산업에 영향을 미쳤다theguardian.com. 1950~60년대 디트로이트의 번영은 대공황과 전쟁을 딛고 일어선 미국 제조업의 성공 모델로 인식되었으며, 안정된 직장과 높은 임금은 노동자들에게 "아메리칸 드림"에 걸맞은 생활을 가능하게 했다theguardian.com. 그러나 이러한 영광 뒤편에서는 향후 도시와 기업을 뒤흔들 변화의 조짐도 서서히 나타나고 있었다.

경제 구조 변화: 오일쇼크와 일본 자동차의 도전

1970년대에 접어들어 디트로이트의 자동차 산업은 거대한 도전에 직면했다. 1973년과 1979년 두 차례 오일 쇼크로 유가가 폭등하자 미국 소비자들은 기름을 적게 먹는 소형차를 선호하기 시작했다. 반면 GM을 비롯한 미국 메이커들은 당시 크고 연비 낮은 차종 중심이어서 변화에 뒤처졌다. 그 결과 연비 높은 차에 대한 수요 급증에 제때 대응하지 못했고, 경쟁력 있는 일본과 유럽산 자동차들이 시장을 파고들기 시작했다[theguardian.com]. 일본 업체들은 품질과 경제성을 앞세워 미국 시장 점유율을 높였고, 미국 자동차 시장의 지형은 급변했다.

예를 들어, 미국 내 수입 승용차 시장점유율은 1965년 5.4%에서 1971년 15.7%로 뛰어오른 데 이어 1980년에는 26.4%까지 치솟았다[indieauto.org]. 이는 전체 판매량 기준으로 볼 때, 1980년 수입차 판매 대수가 포드와 크라이슬러의 합계 생산량을 웃돌 정도로 국내 업계에 충격을 주었다[indieauto.org]. 이처럼 1970~80년대 일본차의 공세와 소비자 취향 변화로 인해 디트로이트의 빅3(Big Three) 기업들은 급속히 입지를 잃어갔다. GM의 미국 내 시장점유율도 한때 1970년대 중반 약 48%에 달했으나 이후 지속적으로 하락하여, 최근에는 17~18% 수준에 머무를 정도로 예전의 독점적 위상을 상실했다[wardsauto.com]. 경쟁사의 부상과 소비자 수요 변화에 기민하게 대응하지 못한 대가로, GM의 거대한 공장들도 가동률이 떨어지고 재고가 쌓이기 시작했다. 1980년대 초반 미국 불황기에는 GM 혼자서도 20만 명에 달하는 인력을 감축하는 등 대규모 구조조정에 나설 수밖에 없었다는 분석이 나온다. 결국 세계 최대 자동차 제조업체로 군림하던 GM은 이 시기에 크게 흔들리기 시작했다.

기업 전략의 실패: GM의 구조조정과 내부 갈등

시장점유율 추락과 실적 악화에 직면한 GM은 1980년대부터 크고 작은 구조조정을 단행했다. 그러나 관료주의적인 기업 문화와 전략 부재로 효과를 보지 못하고 내부 갈등만 표출되었다. 1981년 CEO로 취임한 로저 스미스는 기업 혁신을 시도했으나, 복잡한 조직 구조 개편과 자동화 투자 등은 잦은 실패와 혼란을 낳았다[jalopnik.com]. 1984년 스미스는 전산업체 EDS를 인수하여, 설립자 로스 페로(Ross Perot)를 이

사회에 합류시켰는데, 이것이 오히려 GM 경영진과의 충돌로 이어졌다. 기업가 출신의 페로는 거대 기업 GM의 굼뜨고 폐쇄적인 문화에 지속적으로 문제 제기를 했다. 그는 "GM에서는 공장에서 뱀을 봐도 즉시 잡는 대신 우선 뱀 관련 컨설턴트를 고용하고 위원회를 꾸려 몇 년씩 논의한다"고 비꼬며, 현실 안주에 빠진 GM의 의사결정 문화를 신랄하게 비판했다jalopnik.com. 또 "GM에 활력을 불어넣는 일은 코끼리에게 탭댄스를 가르치는 것과 같다"며 변화의 어려움을 풍자하기도 했다jalopnik.com. 이러한 페로의 직설적 태도는 보수적인 GM 경영진과 잦은 마찰을 일으켰고, 회사 내 긴장은 고조되었다.

GM의 경영 위기는 수면 위로 드러나기 시작했다. 1986년 미국 자동차 시장이 호황임에도 불구하고, GM은 그해 3분기 적자를 기록하며 재무적 어려움을 노출했다jalopnik.com. 경영진은 북미 공장 11곳을 폐쇄하고 3만 명에 달하는 정리해고를 단행하는 강도 높은 구조조정 계획을 발표했는데, 이는 당시 GM 전체 인력의 약 5%에 해당하는 대규모 감원이었다jalopnik.com. 로스 페로는 이러한 공장 폐쇄와 일자리 축소를 두고 "투자의 철수이자 퇴각"이라 맹비난하며 "더 이상 'GM식 경영 체제'를 고집해선 안 된다"고 공개적으로 주장했다jalopnik.com. 페로는 GM 경영진이 한편으로는 실적 부진을 이유로 노동자들을 대량 해고하면서도, 다른 한편으로는 고위 임원들에게 과도한 특권을 누린다고 지적하며 내부 개혁을 요구했다jalopnik.comjalopnik.com.

결국 GM 이사회는 페로와의 갈등을 정리하기로 결정했다. 1986년 말, 스미스 회장과 이사회는 로스 페로에게 7억 5천만 달러(현재 가치 약 17억 달러)에 이르는 거액을 지급하며 주식과 이사직을 모두 사들여 퇴진시켰다jalopnik.com. 페로는 회사를 떠나며 이러한 조치를 "도의적으로 틀렸다"고 비판했고, "GM이 나에게 준 돈의 절반인 3억 7,500만 달러만 있었어도 라인 노동자 1만 명의 일자리를 1년간 유지하거나 새로운 차량 개발에 투자할 수 있었을 것"이라며 경영진의 결정을 꼬집었다jalopnik.com. 막대한 비용을 들여 내부 비판자를 내쫓은 GM 경영진의 선택은 언론과 업계의 질타를 받았고, 결과적으로 조직 문화 개선의 기회를 놓쳤다는 평가를 받았다. 1980년대 후반에 이르면 GM의 수익성은 한계 상황에 처했고, 품질 경쟁력 하락과 브랜드 이미지 실추로 1990년대 이후 더욱 힘겨운 싸움을 이어가게 된다.

금융화와 GM의 몰락: 제조업에서 금융업으로

1990년대에 들어 GM은 본업인 자동차 제조에서 경쟁력을 상실해가자, 점차 금융사업 부문에 의존하여 수익을 내는 구조로 변모했다. GM의 금융 자회사인 GMAC(General Motors Acceptance Corporation)은 원래 자동차 할부금융을 담당했으나, 2000년대 중반에는 주택담보대출 등 부동산 금융까지 사업을 크게 확장했다. 한때 GMAC는 GM 전체 이익의 상당 부분을 창출하는 효자로 여겨졌고, "GM이 자동차보다 돈을 버는 금융회사 같다"는 말이 나올 정도로 GM 경영의 축이 제조에서 금융으로 이동했다. 그러나 이러한 금융화 전략의 위험성은 곧 드러나고 말았다. GMAC 산하 주택금융 부문(ResCap 등)이 2000년대 주택 거품기에 막대한 서브프라임(비우량) 모기지 대출을 남발한 것이 화근이었다. 미국 부동산 시장이 붕괴 단계에 접어든 2007~2008년, GMAC는 수십억 달러에 달하는 천문학적 손실을 입으며 부도의 위기에 직면했다[npr.org]. 실제로 2008년 GMAC는 미국 정부로부터 구제금융을 받을 만큼 상황이 악화되었는데, 그 해 첫 9개월 동안에만 주택담보대출 460억 달러를 발행하여 미국 상위 10대 주택대출 업체에 꼽힐 정도로 무리한 사업 확장을 한 상태였다[npr.org]. 부실 대출 폭증으로 발생한 수십억 달러의 손실은 GMAC를 파산 직전으로 몰아갔고, 모회사 GM 역시 치명타를 입었다[npr.org].

이러한 금융 부문의 실패는 결국 GM의 경영 위기를 가속화시켰다. 2007년 GM은 연간 387억 달러의 기록적인 손실을 냈는데, 미국 내 자동차 판매 부진에 더해 모기지 금융 부문의 막대한 손실이 큰 원인이 되었다[latimes.com]. GM이 지분을 보유하던 GMAC는 2007년 4분기에만 7억 2,400만 달러의 손실을 봤고(대부분 모기지 부문 손실), 이로 인한 GM의 회계상 손실도 같은 해에 약 8억 7,200만 달러에 이르렀다[latimes.com]. 설상가상으로 2008년 들어 글로벌 금융위기가 현실화되면서 자동차 판매량은 급격히 감소했고, GM은 더 이상 자체 힘으로는 거대한 부채와 경영난을 감당할 수 없는 지경에 이르렀다. 그 결과 2008년 말부터 GM은 유동성 고갈로 파산 직전 상황에 놓였고, 미국 정부와의 협의를 통해 긴급 구제금융 지원을 모색하게 된다.

2009년 6월 1일, 마침내 GM은 법원에 연방 파산법 챕터 11에 따른 파산보호를 신청했다. 101년 역사의 미국 최대 자동차 기업이 무너지는 순간으로서, GM의 파산은 미 산업 역사상 최대 규모의 제조업 붕괴 사례로 기록되었다theguardian.com. 법정 관리하에서 GM은 부채를 대폭 탕감 받으며 구조조정을 진행했고, 미 연방 정부는 약 500억 달러의 공적자금을 투입해 신생 GM의 지분 60%를 인수하는 대대적인 구제에 나섰다theguardian.com. 버락 오바마 대통령은 "GM을 더 작지만 더 강한 기업으로 재건하기 위해 모두가 고통을 분담해야 한다"고 발표했고 theguardian.com, 노조를 비롯한 이해관계자들의 희생과 협조 아래 GM은 불과 40일 만에 법원의 승인을 얻어 신규 법인으로 거듭나는 '신속 파산'에 성공했다. 정부는 임시로 대주주가 되었으나 "정부는 마지못해 주주가 되었을 뿐이며, 가능한 한 빨리 민간에 지분을 매각할 것"이라고 밝혔다theguardian.com. 이후 경기 회복과 함께 GM은 점차 실적을 개선하여 2010년대 중반 정부 지분이 완전히 정리되고 민간 기업으로 돌아왔다. 하지만 한 시대를 풍미했던 거대 제조기업 GM이 파산을 통해서만 살아남을 수 있었던 현실은 많은 미국인들에게 충격을 주었다.

지역 사회의 붕괴: 대량실업과 디트로이트 도시 파산

GM과 자동차 산업의 쇠퇴는 디트로이트 지역사회에 막대한 후유증을 남겼다. 산업 전성기에 180만 명이 넘던 디트로이트 시의 인구는 자동차 일자리 축소와 함께 지속적으로 빠져나갔다. 1950년 185만 명에 이르던 인구는 2013년 파산 신청 당시에는 약 69만 명으로 65% 이상 급감하여, 도시 존립을 위협할 정도로 세수 기반이 붕괴되었다en.wikipedia.orgmunicipalbonds.com. 한때 세계에서 가장 부유한 도시 중 하나로 꼽히던 디트로이트는 급속한 인구 유출과 산업 공동화로 황폐해졌고, 남은 주민들의 실업과 빈곤이 심화되었다. 2000년대에 접어들어 디트로이트는 대도시 중 최고 수준의 실업률과 범죄율로 악명이 높아졌는데, 특히 2009년 GM 파산 전후로 실업률이 27.8%까지 치솟아 미국 도시 중 최악을 기록했다money.cnn.com. 2013년 시 파산 직전에도 실업률 16.3%로 미시간주 평균의 두 배에 달했으며, 주민 3명 중 1명이 빈곤선 이하에서 살아가는 처참한 상황에 이르렀다money.cnn.com. 그 결과 디트로이트는 치안, 교육, 도시서비스 등 모든 영역에서 기능을 상실하며 사실상 재정·사회적으로 파탄 지경에 빠졌다 municipalbonds.com.

자동차 공장 폐쇄로 한때 번성했던 공동체가 해체되면서, 도시 경관 또한 쇠락의 상처를 드러냈다. 공장이 문을 닫고 사람들이 빠져나간 자리에 텅 빈 건물들과 폐허가 대거 남겨졌고, 2013년 기준 디트로이트 시에는 무려 7만 8천 채 이상의 건물이 버려진 채 방치되어 있었다axios.com. 거리의 가로등 3만 개 이상이 고장 난 채 수년간 교체되지 못했고, 경찰서나 소방서 같은 필수 공공시설도 예산 부족으로 문을 닫는 일이 속출했다. GM의 고향이라 할 미시간주 플린트(Flint) 역시 비슷한 운명을 겪었다. GM은 1980년대 중반 기록적인 수익을 내고 있으면서도 노동비용 절감을 위해 플린트의 공장들을 멕시코 등으로 이전하며 단숨에 3만여 명의 노동자를 해고했고, 결과적으로 약 8만 개에 달하는 지역 일자리가 증발했다thegrio.com. 이로 인해 플린트 지역경제도 붕괴되어 한때 미국에서 살기 가장 어려운 도시로 꼽힐 만큼 범죄와 빈곤이 급증했다en.wikipedia.orgthegrio.com. 다큐멘터리 영화 〈로저와 나〉는 이러한 시기의 플린트 모습을 생생히 담아내어, 대기업의 결정이 한 지방 공동체에 얼마나 큰 상처를 남겼는지 고발했다.

디트로이트 시 정부의 재정은 한계에 달했다. 인구 급감으로 세입은 쪼그라들었지만, 한때 전성기에 형성된 공무원 연금과 부채 부담은 여전히 막대했다. 시 당국은 채무 상환은커녕 공무원 임금과 공공서비스 유지에도 어려움을 겪었고, 2013년 중반 결국 약 180억 달러에 달하는 부채를 안고 연방법원에 챕터 9(지방자치단체 파산보호)를 신청하기에 이르렀다municipalbonds.com. 디트로이트의 파산은 미국 역사상 가장 큰 규모의 지방정부 파산 사례로 기록되며 전국적인 충격을 주었다municipalbonds.com. 법정관리하에서 디트로이트는 채무의 약 3분의 1을 탕감받고 남은 부채를 재조정하는 한편, 공무원 연금 삭감과 시 자산 매각 등 고통스러운 구조조정을 실시해야 했다money.cnn.commoney.cnn.com. 결국 약 17개월간의 파산 절차 끝에, 2014년 12월 디트로이트시는 법원의 승인을 받아 파산 상태를 공식적으로 졸업했다. 그러나 이 과정에서 수많은 퇴직자들의 연금이 삭감되고, 도시 서비스 수준이 크게 후퇴하는 등의 사회적 희생이 뒤따랐다money.cnn.commoney.cnn.com. 디트로이트 주민들은 한 목소리로 "다시 이런 일이 일어나게 해서는 안 된다"고 절규했고, 연방 판사조차도 "이번 일을 영원히 기억하고 분노해야만 이 비극을 반복하지 않을 수 있을 것"이라며 뼈아픈 교훈을 남겼다axios.com.

GM과 디트로이트의 몰락은 산업 경쟁력 상실과 기업 경영 실패가 한 도시와 지역사회에 얼마나 심대한 영향을 미칠 수 있는지를 보여주는 대표적 사례가 되었다. 산업의 황금기에 안주하지 않고 변화에 선제적으로 대응하는 것의 중요성을 일깨워주는 한편, 대기업과 지역 공동체의 운명이 긴밀히 연결되어 있다는 사실도 드러났다. 한 시대를 풍미했던 기업 GM의 파산과 미 자동차 도시의 상징 디트로이트의 붕괴는, 세계 제조업 패러다임 변화 속에서 미국 Rust Belt(러스트벨트) 지역 전체가 겪은 고통의 축소판이었다. 오늘날 디트로이트는 파산을 딛고 점차 재정 건전성을 회복해가고 있지만, 중산층의 붕괴와 지역사회의 상흔은 쉽게 아물지 않고 있다. GM 역시 구조조정 이후 사업을 이어가고 있으나 예전의 독보적 지위를 되찾지 못한 채 글로벌 경쟁 속에 놓여 있다. GM과 디트로이트의 흥망사는 20세기 산업경제의 부흥과 몰락을 상징적으로 보여주며, 급변하는 경제 환경 속에서 혁신과 긴축을 게을리할 때 어떤 대가를 치르는지 여실히 증명한 교훈적인 이야기로 남아 있다.

칼럼 자동차 산업의 수익성은 회복될 수 있었을까? GM과 미국의 선택

1980년대 미국의 자동차 산업은 '성장'보다는 '방어'에 몰두하고 있었다. 제너럴 모터스(GM), 포드, 크라이슬러는 모두 급속히 늘어나는 일본차의 공세에 압도되었고, 고비용 구조와 비효율적 생산시스템에 갇혀 점점 경쟁력을 잃어갔다. 디트로이트는 침묵했고, 공장은 문을 닫았으며, 플린트와 같은 도시들은 공동화되기 시작했다.

그렇다면, 이 위기를 넘어 미국 자동차 산업은 수익성 회복이라는 대안을 실현할 수 있었을까? 정답은 "그렇다. 그러나 방향이 잘못되었다." GM과 미국 자동차 산업이 택한 길은, 위기를 완화했을지는 몰라도 회복시키지는 못한 길이었다.

1. '구조조정'이 아닌 '혁신'이 필요했다

GM은 위기 대응으로 1986년 대규모 구조조정을 단행했다. 11개 공장 폐쇄, 3만 명 감원. 그 숫자는 인상적이었지만, 내용은 단기 수익 개선과 주가방어에 치중된 조치였다. 반면, 제품 품질 개선, 디자인 혁신, 연비 경쟁력 확보를 위한 기술 투자나 생산 프로세스 혁신은 뒷전이었다.

이는 '몸집 줄이기'로 시간은 벌었지만, 본질은 바꾸지 못한 전략이었다. 디트로이트는 살아날 기회를 놓쳤고, 경쟁자들은 달려나갔다.

2. 일본은 왜 이길 수 있었는가?

동일한 시기, 일본의 도요타와 혼다는 전혀 다른 방식으로 위기를 기회로 바꾸고 있었다. 도요타는 도요타 생산방식(TPS)을 통해 원가절감과 품질관리를 극한까지 끌어올렸고, 혼다는 연비 중심의 소형차 전략을 통해 미국 소비자의 마음을 사로잡았다. 가장 중요한 차이는, 이들 기업은 노동자를 줄이는 대신 역량을 키웠고, 공장을 닫는 대신 공정을 혁신하고 현장 개선에 몰두했다는 점이다. 그들은 기술 중심의 수익성 회복 모델을 실현했고, 그것이 장기 경쟁력으로 이어졌다.

3. GM의 수익, 자동차에서가 아니라 금융에서 났다

GM은 구조조정 이후에도 자동차 산업에서의 수익 회복에 어려움을 겪자, 수익원을 자동차에서 금융으로 전환하기 시작했다. GMAC라는 금융자회사는 할부금융, 리스, 모기지로 막대한 수익을 냈고, 2000년대 초에는 GM 전체 이익의 80% 이상이 자동차가 아닌 금융에서 발생했다.

이는 사실상 자동차회사의 탈제조업화, 또는 금융화(financialization)로 해석할 수 있다. 자동차라는 물건을 팔기보다, 자동차를 담보로 금융상품을 파는 구조가 된 것이다.

단기적으로는 이익이 늘어났지만, 그 이면에는 기술력 약화, 제품력 저하, 브랜드 신뢰도 하락이 있었다. 그리고 2008년, 금융위기가 닥치자 GM은 금융도, 자동차도 모두 위기에 빠졌고, 2009년, 결국 미국 역사상 최대 규모의 제조업 파산 기업이 된다.

4. 수익성 회복이 가능했던 모델은 없었는가?

그렇지 않다. 가능성은 있었다.

- 도요타와 혼다의 북미 현지화 전략은 미국 내에서도 품질과 고용을 유지하며 수익을 올리는 모델이었다.
- 포드는 GM에 비해 위기 때 비교적 공격적인 라인업 정비와 기술 투자에 나서며 정부 구제금융 없이 생존에 성공했다.
- 2000년대 들어 테슬라(Tesla)가 보여준 기술 기반 제조 혁신은, 전통 자동차업계가 놓쳤던 길을 되짚는 반례였다.

이들 사례는 모두 구조조정과 자산 매각이 아닌 기술혁신과 생산개편으로 수익성 회복이 가능했음을 입증한다.

5. 남겨진 도시는 어떻게 되었는가

GM이 금융자회사로 수익을 낼 때, 디트로이트는 빈집이 늘고, 학교가 문을 닫고, 범죄율이 치솟고 있었다. GM은 살아남았지만, 디트로이트는 죽어갔다.

그리고 2013년, 디트로이트는 미국 역사상 가장 큰 지방자치단체 파산을 맞는다. 그것은 한 산업의 몰락이 어떻게 한 도시의 미래를 앗아가는지를 보여주는 사건이었다.

결론적으로, 자동차 산업의 수익성 회복은 가능했다. 그러나 그것은 공장 문을 닫고, 노동자를 자르고, 금융 수익에 의존하는 방식이 아니라, 생산 방식을 바꾸고, 품질을 개선하고, 미래차로의 전환에 장기 투자하는 방식이어야 했다.

GM은 그 길을 택하지 않았고, 그 대가는 기업만이 아니라 도시 전체가 치렀다. 이제 우리가 기억해야 할 것은 이 문장이다.

"기업은 살아남았지만, 공동체는 무너졌다면 그것이 진정한 회복인가?"

분석 현대차·기아차를 위한 간접적 통찰

제너럴 모터스의 몰락에서 배우는 다섯 가지 선택의 과제

1. "단기 구조조정보다 장기 제품력을 선택하라"

제너럴 모터스(GM)는 1980년대 일본차의 공세 앞에서 공장 폐쇄와 인력 감축으로 대응했다. 그 결과 일시적으로 수익은 반등했지만, 제품력은 계속 하락했고, 결국 시장에서 고객 신뢰를 잃었다.

현대차 · 기아차는 지금 글로벌 전기차 시장에서 치열한 전환기를 맞이하고 있다. 내연기관차를 기반으로 한 글로벌 3위 판매 실적은 여전히 유효하지만, 앞으로의 경쟁력은 소프트웨어, 배터리, UI/UX, OTA 기술력 등 비물질적 역량에 달려 있다. 전기차 시대에 현대차는 다시 "품질과 신뢰의 싸움터"로 들어왔다.

☞ 구조조정이 아니라 기술에 대한 투자,

☞ 공장 효율화가 아니라 제품 혁신에 대한 투자,

☞ 단기 수익보다 차세대 플랫폼 완성도 확보가 우선이다.

2. "금융화의 유혹이 아니라 제조의 근본을 붙들어라"

GM은 자동차보다 GMAC(금융 자회사)에서 이익을 더 많이 벌기 시작했고, 결국 본업을 소홀히 하며 금융기업으로 전락했다. 그리고 2008년 금융위기에서 파산했다.

현대차도 현재 현대캐피탈, 현대카드 등 금융 계열사가 주요 이익 기여 부문 중 하나이며, 최근에는 로보틱스, 도심항공모빌리티(UAM) 등 신사업 다각화에 나서고 있다. 이는 중요한 시도지만, 자동차 제조 기술과 공급망, 부품 내재화, 전동화 생산체계를 소홀히 해서는 안 된다.

☞ 본업 제조 경쟁력(전장부품, 제어 소프트웨어, 전기차 플랫폼)의 내재화가 없다면, 신사업도 결국 '깃털 위 건축물'에 불과해질 수 있다.

3. "공장은 비용이 아니라 기술과 일자리의 터전이다"

GM은 수많은 공장을 닫았다. 그 결과, 플린트(Flint)와 디트로이트는 인구가 붕괴되고 도시는 공동화되었다. GM은 살아남았지만, 도시와 공동체는 죽었다.

현대차는 현재 울산 · 화성 · 광명 등 국내 생산기지를 유지하고 있고, 전주, 아산 등 지방 거점과 협력업체 생태계도 여전히 견고하다. 그러나 미래 전기차 전환기에 국내 내연기관 생산라인의 대량 축소 가능성이 예상된다.

☞ 현대차는 국내 공장 리모델링과 전기차 전환형 스마트팩토리로의 업그레이드를 통해 공장을 폐쇄하는 대신 전환 투자 전략으로 산업자본을 보존해야 한다. 공장은 설비이기도 하지만, 노동자, 지역, 공동체가 연결된 사회적 자산이다.

4. "디지털 기술을 외부에 의존하지 말고, 주도하라"

GM은 디지털화에서 일본차보다 뒤처졌고, UX와 연비, 디자인 측면에서 꾸준히 고객 신뢰를 잃었다.

현대차는 현재 글로벌 전기차 디자인 경쟁력에서 호평을 받고 있고, 전용 플랫폼(e-GMP)도 빠르게 상용화에 성공했다. 하지만 UI/UX, 차량용 OS, 커넥티비티, 데이터 기반 서비스 모델은 여전히 구글, 애플, 네이버, SKT 등 외부 빅테크와 협업 의존도가 높다. 전기차는 바퀴 달린 컴퓨터다.

☞ 현대차가 소프트웨어 중심 자동차(SDV) 전환에서 기술 주도권을 갖지 못하면, 자동차 산업의 하청으로 전락할 수 있다.

☞ 외부 협업은 하되, 기술 내재화와 자체 개발 역량을 중장기적으로 확보해야 한다.

5. "고객 신뢰는 제품이 아니라 철학에서 온다"

GM이 고객에게서 외면받은 결정적 이유는 차량 성능이 아닌, 회사의 태도였다.

- 고장에 대한 대응 미흡
- 리콜 회피
- 경영진의 단기이익 우선

현대차도 과거 결함 은폐 논란, 리콜 대응 미흡, 서비스 불만 이슈가 있었다.

☞ 전기차 시대에는 기술의 투명성과 고객 커뮤니케이션의 질이 제품 스펙만큼이나 중요하다. 현대차는 이제 제조기업이 아니라 플랫폼 운영자로서, 사용자 경험과 서비스 품질에서 철학적 변화가 필요하다.

결론

GM은 크고 강했지만 무너졌다. 그리고 그 중심에는 기술 투자 지연, 본업 소홀, 고객 신뢰 상실, 지역 기반 해체가 있었다.

현대차와 기아차는 지금, 세계 최고의 수출 실적과 디자인 경쟁력을 가지고 있다. 그러나 전기차 전환의 전환점, 기술 내재화의 분기점, 지역 공동체의 유대 기반이 흔들리는 갈림길에 서 있다. 선택하지 않으면, 놓친다. GM은 선택하지 않았고, 디트로이트를 잃었다. 현대차와 기아차는 지금 선택해야 한다.

CHAPTER

4

사라진 전자산업
: RCA와 Zenith의 최후

GE에 먹힌 RCA, 상표만 남다

20세기 중반까지 RCA(Radio Corporation of America)는 미국 기술력의 상징이었다. 라디오, 컬러 TV, 위성통신, 음반 산업까지 손댄 RCA는 미국 전자기술의 선도자였고, '전 국민의 거실 속 기업'으로 통했다.

그러나 1980년대에 들어 RCA는 흔들리기 시작했다. TV, VCR, 오디오 기기 시장에서 일본 기업들이 급속히 부상하며 가격과 품질 모두에서 RCA를 압도했다. 그럼에도 RCA 경영진은 혁신보다 유지를 선택했고, 문제는 쌓여만 갔다. 그리고 1985년, 전격적인 인수합병 소식이 발표된다. 제너럴 일렉트릭(GE)이 RCA를 63억 달러에 인수하겠다는 것이었다. 당시로서는 미국 역사상 최대 규모의 M&A 중 하나였다.

사람들은 놀랐지만, RCA 내부는 더 놀랐다. 인수가 발표된 뒤 GE의 CEO 잭 웰치(Jack Welch)는 이렇게 말했다.

"우리가 RCA에서 필요한 것은 단 하나, NBC 방송국이다. 나머지는 정리할 것이다."

그 말은 곧 현실이 되었다. GE는 RCA의 가전 부문, 레코드 사업, 전자부품 부서를 매각하거나 청산했고, RCA는 몇 달 사이 껍데기만 남은 브랜드로 전락했다.

1987년에는 RCA 가전 부문이 프랑스 기업 톰슨(Thomson SA)에 매각되었다. 미국을 대표하던 전자 브랜드는 이제 유럽과 아시아 자본의 이름 아래 존재하게 된 것이다. 당시 RCA의 한 엔지니어는 퇴사하며 이렇게 말했다.

"우리는 기술을 만들었지만, 그 기술이 돈이 되지 않는다는 이유로 팔렸다."

마지막 국산 TV의 최후

RCA가 무너진 뒤, 미국 TV 시장에 남은 유일한 국산 메이커는 Zenith(제니스)였다. 이 시카고 기반의 중견기업은 "Made in USA"의 자존심을 걸고, 일본산 TV와 끝까지 경쟁하려 했다. Zenith는 기술력에서도 밀리지 않았다. 1980년대 중반, 세계 최초로 평면 브라운관 기술을 개발하고, TV 디자인 혁신에서도 앞서나갔다.

그러나 시장은 냉정했다. 일본 기업들은 단가를 낮춰 공급했고, 대형 체인점들은 가격 경쟁을 원했다. 미국 내 생산비로는 도저히 맞출 수 없었다. 결정적 전환점은 1987년이었다. Zenith는 사상 첫 적자를 기록했고, R&D 예산이 대폭 삭감되었다. 당시 CEO는 "기술이 아무리 좋아도 살아남아야 개발할 수 있다"며 연구 인력 60명을 해고했다.

이후 Zenith는 구조조정과 자산 매각을 반복하다가, 1995년 한국의 LG전자에 인수된다. 미국의 마지막 TV 제조사는 미국 기업이 아닌 외국 자본에 넘어간 첫 사례가 된 것이다.

Zenith 브랜드는 이후에도 일정 기간 유지되었지만, 생산은 멕시코나 아시아에서 이루어졌고, 미국 국내 TV 제조업은 사실상 종말을 맞았다.

연구개발을 포기한 기업의 미래

RCA와 Zenith의 몰락은 단순한 브랜드 쇠락이 아니었다. 그것은 미국 전자산업 전체의 생산 기반 붕괴, 기술 유출, 인재 유출의 서막이었다.

RCA가 매각되면서 축적된 전자기술, 공정 노하우, 특허 자산은 해외로 흘러갔다. Zenith는 평면 브라운관 기술을 끝내 상용화하지 못했고, 그 특허의 일부는 LG를 거쳐 이후 세계 TV 시장에 영향을 미쳤다.

가장 큰 문제는 연구개발의 중단이었다. RCA와 Zenith는 연구소를 폐쇄했고, 수천 명의 전자공학 인재들이 실업자가 되거나 이직했다. 대학과 산업이 연결된 생태계가 붕괴된 것이다. 한 전직 RCA 연구원은 이렇게 회고했다.

"기술이 부족해서가 아니라, 기술을 지킬 생각이 없었기 때문에 미국 전자산업은 사라졌다."

미국은 이후에도 반도체, 통신, 디스플레이 등 여러 분야에서 경쟁력을 시도했지만, RCA와 Zenith의 실패는 뼈아픈 교훈이 되었다. 생산 기반 없는 기술, R&D 없는 브랜드, 단기 수익만을 추구하는 전략은 결국 산업의 뿌리를 말라붙게 만든다.

보고서 RCA와 Zenith의 몰락으로 본 미국 전자산업 쇠퇴의 과정과 원인

1. RCA의 성장과 상징성

RCA(Radio Corporation of America)는 1919년 탄생한 미국의 대표적 전자기업으로, 한때 미국 기술력을 상징하는 혁신 기업이었다en.wikipedia.org. 제너럴일렉트릭(GE) 등이 출자한 특허관리 회사로 출발한 RCA는 1920~30년대 폭발적으로 성장하여 라디오 수신기, 방송망, 음향기기 등 전자통신 분야를 주도했다. 예를 들어 RCA는 미국 최초의 전국 라디오 방송망인 NBC를 설립했고, 초단파(VHF) 방식 컬러 TV 기술을 개발하여 1953년 미 연방통신위원회(FCC)의 미국 컬러텔레비전 표준으로 채택되는 성과를 거두었다en.wikipedia.org. 1930~60년대 RCA를 이끈 전설적 경영자 데이비드 사노프(David Sarnoff)의 리더십 아래, RCA는 가정용 라디오와 흑백 · 컬러 TV, 진공관 등 전자부품, 방송장비, 위성통신, 음반 사업(RCA Victor 레코드)까지 광범위한 분야를 아우르며 미국 전자 기술의 선두주자로 군림했다en.wikipedia.org.

RCA의 위상은 당시 대중에게도 각인되어 있었다. 1920년대 "광란의 20년대" 불황 이전 주식시장 호황을 상징하는 종목으로 RCA가 꼽힐 정도였는데, 실제 1920년대 RCA 주가는 무려 200배 폭등하는 기록을 세웠다theabsolutesound.com. 제2차 세계대전 이후 RCA는 텔레비전 보급을 견인하며 1960년대 초 Zenith와 함께 미국 TV 시장을 양분했다. 1960년대 중반 RCA와 Zenith가 각각 미국 TV 시장의 20% 이상을 차지하고 나머지 수십 개 회사가 나머지 지분을 나눌 만큼

en.wikipedia.org, RCA는 가전 분야에서도 막강한 점유율과 브랜드 파워를 보였다. 이러한 성공으로 RCA는 "세계 라디오-텔레비전의 선두 기업"으로 불렸고, 미국인들에게 RCA의 견본견(일명 Nipper 강아지 로고)과 이름은 곧 최고 기술과 품질의 대명사가 되었다.

2. 일본 전자기업의 부상과 시장 환경 변화

1960년대부터 일본의 전자기업들이 약진하면서, RCA와 Zenith 등 미국 업체들은 새로운 가격·기술 경쟁에 직면했다. 특히 미국 업체들은 당시 일본 시장에 직접 진출할 수 없자 자사의 TV 관련 기술을 소니, 마쓰시타(파나소닉) 등 일본 제조사들에게 라이선스하는 결정을 했는데, 이는 이후 "엄청난 오판"으로 드러났다 latimes.com. 일본 업체들은 미국으로부터 라이선스받은 기술을 토대로 정부 지원 하에 생산 역량과 기술력을 급속히 높였고, 곧 일본산 TV 제품들이 전세계 시장을 석권하기 시작했다. 1960년대 후반부터 일본산 흑백TV가 미국에 대거 수출되어 시장을 잠식했고, 1970년대에는 컬러TV에서도 일본 제품의 파상공세가 전개되었다latimes.com. 그 결과 1970년 15%에 불과하던 일본 기업들의 미국 컬러TV 시장 점유율이 1976년에는 45%에 달해 6년 만에 세 배로 뛰었고, RCA와 Zenith 등 미국 제조사들을 압도했다latimes.com.

일본 전자기업들은 가격 경쟁력뿐 아니라 기술과 품질 면에서도 미국 업체들을 앞서 나갔다. 일본 정부의 지원 아래 소니, 히타치 등은 1950년대 말부터 진공관 대신 트랜지스터를 TV에 채택하여 제품의 경량화·신뢰성 개선을 이뤘다. 그 결과 1970년대 중반 일본 컬러TV의 고장률은 미국 제품의 1/5 수준에 불과했고, 내구성에서 두드러진 우위를 보였다latimes.com. 예를 들어 미국 모토로라사가 1966년 세계 최초의 트랜지스터 컬러TV 시제품을 발표했으나, 1969년 일본 업체가 첫 상용 올트랜지스터 컬러TV를 출시하여 기술 주도권을 가져갔다latimes.com. RCA와 Zenith가 전 모델을 완전히 트랜지스터 방식으로 전환한 것은 1973년에 이르러서였다latimes.com. 또한 일본 업체들은 생산 공정의 자동화와 부품 집적화에도 선도적이어서, 1970년대 중반에는 일본이 미국보다 훨씬 적은 인원으로 TV를 조립해 낼 만큼 생산효율을 높이고 있었다는 분석이 있다epi.org. 반면 미국 제품들은 구식 공법과 높은 인건비로 원가 경쟁에서 밀렸고, 고장 발생률이 높아 광범위한 수리 서비스망에 의존해야 했다.

이 같은 열세를 타개하기 위해 미국 업체들은 정부와 법률에 호소하기도 했다. Zenith는 1974년 일본 TV 제조사들이 담합과 덤핑(부당 저가판매)으로 미국 시장을 잠식했다고 주장하며 9억 달러 규모의 반독점 소송을 제기했다washingtonpost.com.

또한 의회 로비를 통해 일본 전자제품의 수입 규제를 촉구했고, 실제로 1977년 상원 청문회에서 "즉각 조치를 취하지 않으면 미국 TV산업이 멸종 위기에 처할 것"이라는 경고까지 나왔다washingtonpost.com. 이 무렵 미 행정부도 대응에 나서 카터 대통령은 일본과 협상으로 일본산 컬러TV의 대미 수출을 연간 175만 대로 자율 규제하기로 합의했다washingtonpost.com. 그러나 이러한 보호조치에도 불구하고 근본적인 시장 흐름을 바꾸지는 못했다. 1970년대에만 미국의 28개 TV 제조사 중 17곳이 TV 생산을 중단하거나 사업을 접었고, 1977년 무렵 독립된 미국 TV 제조사는 Zenith 등 11개로 줄어들었다washingtonpost.com. 나머지 회사들도 인수·합병으로 외국 자본에 넘어갔다. 예를 들어 Admiral과 Philco는 미국 기업에 흡수되었지만, 모토로라의 TV 부문은 1974년 일본 마쓰시타(松下)에 매각되어 'Quasar' 브랜드로 재탄생했고 Magnavox는 네덜란드 Philips에 인수되었다washingtonpost.com. Sears 등 대형 유통업체들도 가격 경쟁력을 이유로 1970년대 후반부터 자체 브랜드 TV를 Zenith 대신 일본 제조사에 대량 주문하기 시작했다washingtonpost.com. 1976년 Sears(당시 미국 최대 가전유통사, TV 소매시장 10% 점유)가 처음으로 자체브랜드 TV 물량 상당수를 일본 업체에 맡겼는데, 일본 측이 요구한 가격·수량 조건을 모두 충족시켰기 때문이었다washingtonpost.com. 이러한 변화로 1980년대에 이르면 미국 TV 산업은 "반은 외국산이 점령한 국내시장"이 되었고, RCA와 Zenith 두 회사만으로 버티기 어려운 상황에 빠졌다.

3. RCA의 전략 실패와 인수합병

1960년대 말까지 전성기를 누리던 RCA는 1970년대 이후 내부 전략 실패로 흔들리기 시작했다. 특히 핵심 사업인 소비자 가전과 방송 분야에서 벗어나 사업 다각화를 꾀하면서 집중력이 약화되었다en.wikipedia.org. RCA 경영진은 컴퓨터, 통신, 임대업 등에 진출해 거대 복합기업(conglomerate)을 만들고자 했으나 성과를 거두지 못했다. 예를 들어 RCA는 한때 IBM을 추격하며 대형 컴퓨터(메인프레임) 사업을 벌였지만 결국 막대한 손실만 보고 철수했고, 1981년 야심차게 출시한 비디오디스크(CED) 시스템도 기술적 한계와 시장 부진으로 실패했다en.wikipedia.org. RCA가 집중했던 신규 사업 상당수가 이렇게 좌초하면서 회사 재정이 악화되었고,

전통 주력 사업이던 TV·라디오 등 전자제품 부문에서도 일본 기업들의 거센 도전에 제대로 대응하지 못했다en.wikipedia.org. 1970년대 RCA의 위세를 가리켜 "철옹성과 같았던 미국 기술의 선두주자도 약해지기 시작했다"는 평가가 나올 정도로, RCA의 입지는 흔들리고 있었다en.wikipedia.org.

1980년대 중반까지 RCA는 구조조정과 조직 슬림화를 통해 회복을 시도했으나 이전의 영광을 되찾지 못했다. 결국 1985년 말 GE가 RCA를 63억 달러에 전격 인수하기로 결정하면서, 1919년 설립 이후 RCA의 독립된 역사는 막을 내리게 되었다en.wikipedia.org. 이 인수는 미국 재계에도 큰 충격을 주었다. GE의 당시 회장 잭 웰치는 "참여 사업마다 1등이나 2등이 아니면 안 된다"는 신조를 내걸고 있었고, RCA 인수 후 곧바로 RCA의 핵심 자산들을 매각하거나 정리하기 시작했다en.wikipedia.org. 1986년 GE의 RCA 인수가 완료되자 RCA의 방송망 자산인 NBC는 GE 내부에 남겼지만, 나머지 전자제품 사업 부문은 해외 기업에 분할 매각되었다en.wikipedia.org. 대표적으로 RCA의 소비자 가전 부문은 1987년 프랑스의 톰슨(Thomson-CSF)에 매각되어 RCA 브랜드 TV의 소유권이 프랑스 회사로 넘어갔다spectrum.ieee.org. 톰슨은 "TV 사업에서 이익을 내려면 규모가 필수적"이라며 RCA 사업 인수를 결정했는데spectrum.ieee.org, 이는 RCA와 Zenith 같은 미국 회사들이 글로벌 규모의 대량 생산에서 뒤쳐졌음을 의미하는 대목이다. 한편 RCA의 위성통신·국방전자 사업은 당시 GE가 원했던 분야였지만, 이 역시 몇 년 후 GE가 매각하면서 RCA 유산의 대부분은 사라졌다.

결국 RCA라는 독립기업은 GE 인수 후 사실상 해체되었다. 1987년 RCA 본사가 문을 닫고 RCA 브랜드와 자산은 타사의 손에 넘어갔으며, 회사 이름만 명목상 남게 되었다en.wikipedia.org. 특히 RCA의 상징적 자산이었던 RCA 브랜드는 톰슨이 인수한 후 여러 국가의 전자업체들에 라이선스 형태로 사용권이 넘겨졌다en.wikipedia.org. (예: 톰슨은 이후 중국 TCL 등에 RCA 브랜드 사용권을 판매했다) 또한 RCA의 세계적 연구개발 조직이었던 프린스턴의 데이비드 사노프 연구소(RCA Laboratories)도 GE에겐 중복 자산이었기에, 1987년 비영리 연구기관 SRI 인터내셔널에 통째로 기증되었다opg.optica.org. 이로써 RCA 연구소는 더 이상 RCA도 GE도 아닌 독립 계약연구소가 되어버렸고, RCA가 쌓아온 핵심 기술역량도 흩어지게 되었다. RCA 기업은 GE 산하 브랜드로 잠시 남았다가 곧 브랜드 자체도 철수되었으며, 현재 RCA라는 이름은 소니(음악)나 톰슨 후신 기업 등이 일부 상표권만 유지할 뿐 실체가 없는 상태다en.wikipedia.org. 한때 미국 전자산업의 자존심으로 통하던 RCA가 이렇게 역사 속으로 사라지면서, 미국은 소비자 가전 분야에서 가장 큰 토종 기업을 잃게 되었다. RCA 사례는 핵심 사업의 전략 실패와 잦은 사업구조 변경이 초래한 자멸의 예로 종종 언급된다. 또한 RCA 해체 과정에서 축적된 기술과 인력이 외국 기업으로 상당 부분 유출되어, 미국 산업에 장기적 손실을 입혔다는 평가도 나왔다epi.org.

4. Zenith의 기술력과 마지막 투쟁

Zenith(지니쓰)는 1918년 시카고에서 창업한 전자회사로, 오랫동안 "Made in USA" 가전의 대명사로 불렸다. 공동창업자들이 아마추어 무선 콜사인 "9ZN"에서 이름을 딴 Zenith는 초기부터 뛰어난 기술 혁신으로 명성을 쌓았다en.wikipedia.orgen.wikipedia.org. 1924년 세계 최초의 휴대용 라디오를 출시했고, 1939년 첫 텔레비전 시제품을 선보였으며, 1956년에는 세계 최초의 무선 TV리모컨인 "스페이스 커맨드(Space Command)"를 발명했다en.wikipedia.org. Zenith는 "품질이 이름보다 먼저 들어간다"라는 슬로건을 내세워 제품 완성도를 강조했고en.wikipedia.org, 실제 초창기부터 손으로 배선한 정밀 조립과 철저한 검사로 높은 신뢰성을 확보했다고 전해진다. Zenith는 미국 내 FM 스테레오 방송 송출(1961년)과 다채널 TV음향(MTS) 표준 확립(1984년)에도 선구적 역할을 했으며en.wikipedia.org, 1990년대에는 미국 디지털 HDTV 방송 표준을 개발하는 "Grand Alliance" 컨소시엄에 미국 기업 중 유일하게 참여해 차세대 방송 기술을 주도하기도 했다en.wikipedia.org. 1960년대 Zenith는 RCA와 더불어 미국 TV 시장에서 각각 20% 이상의 점유율로 양강을 이룰 정도로 탄탄한 입지를 가지고 있었다en.wikipedia.org.

그러나 1970년대 이후 Zenith 역시 일본 기업들과의 경쟁에서 점차 어려움에 직면했다. Zenith는 끝까지 "미국산 품질"을 내세우며 국내 생산을 고수했지만, 그 사이 경쟁사들은 값싼 해외 생산과 신규 기술 도입으로 앞서나갔다spectrum.ieee.orgspectrum.ieee.org. Zenith의 당시 사장 John Nevin(존 네빈)은 일본 업체들의 덤핑 판매를 강하게 성토하며 1970년대 후반 반덤핑 소송과 의회 로비에 나섰지만

spectrum.ieee.org, 정책 지원만으로 추세를 뒤집기에는 역부족이었다. 결국 Zenith는 1977년 극단적 결단으로 연구소 인력의 절반가량(약 200명)을 해고하고 R&D 규모를 크게 축소했다spectrum.ieee.org. 당시 해고된 기술자 앨런 소벨은 훗날 "Zenith가 연구부서를 통째로 날려버리다니 도무지 이해할 수 없었다"고 회고했을 정도로 충격적인 조치였다spectrum.ieee.org. Zenith 부사장이었던 발명가 로버트 애들러(Robert Adler)는 이때의 상황을 풍선에 빗대 이렇게 설명했다. "만약 바다 위 풍선을 타고 건너는데, 육지에 식인종들이 기다리는 걸 안다고 하자. 풍선이 가라앉기 시작하면 살아남기 위해 총과 탄약이라도 다 버릴 수밖에 없다. 육지에 못 닿으면 총을 가지고 있어봐야 소용없기 때문이다."spectrum.ieee.org 그는 연구개발력이라는 '미래 무기'를 포기하는 것의 위험성을 알면서도, 당장 회사가 침몰하지 않도록 하기 위해 어쩔 수 없는 선택이었다고 토로했다. 이처럼 Zenith는 생존을 위해 고육지책으로 미래를 희생해야 하는 처지에 내몰렸다.

1980년대 들어 Zenith는 다시 기술력으로 승부를 걸어 최후의 반격을 시도했다. 1987년 Zenith는 기존의 볼록한 화면 대신 평면 화면을 채택한 신형 브라운관, 일명 Flat Tension Mask(FTM) 기술을 발표했다spectrum.ieee.org. 평면 브라운관은 기존 CRT에 비해 화면 밝기를 80% 높이고 명암비를 70% 향상시켰으며, 해상도도 15% 높이는 성과를 냈다고 했다spectrum.ieee.org. Zenith는 이 기술 개발에 약 8천만 달러를 투자하며 사활을 걸었지만, 1987년 처음으로 가전부문에서 대규모 적자를 기록하는 등 경영상 어려움은 이어졌다spectrum.ieee.orgspectrum.ieee.org. FTM 기술 자체는 혁신적이어서 Zenith의 컴퓨터 모니터 사업에는 도움이 되었지만, 정작 주력인 TV 사업에서 투자 대비 수익을 거두진 못했다spectrum.ieee.org. 한 Zenith 엔지니어는 "우리가 (모니터 사업을 위해) 이익을 지원해줬으니, 이익의 일부는 다시 우리(TV부문)에 투자되어야 하지 않겠느냐"고 불만을 터뜨리기도 했다spectrum.ieee.org. Zenith는 이처럼 고부가가치 기술 개발로 활로를 찾는 동시에 대대적인 구조조정을 병행했다. 1980년대 후반 Zenith는 미주리 스프링필드 등 미국 내 TV 조립공장을 폐쇄하고 생산 거점을 멕시코 등지로 옮겨 인건비를 절감했다spectrum.ieee.org. 그러나 이러한 비용 절감 노력에도 불구하고 Zenith의 적자는 누적되어 1988년을 마지막으로 더 이상 흑자를 내지 못했다spectrum.ieee.org.

1990년대에 들어서면서 Zenith는 끝내 외부 자본의 손을 잡았다. 1991년 한국의 LG전자(당시 금성사)가 Zenith 지분 5%를 취득하며 기술제휴에 나선 것이 그 시작이었다spectrum.ieee.org. LG는 비교적 여유 자금과 의욕을 가진 신흥 기업으로서 Zenith의 디지털 HDTV 기술력 등에 관심을 보였고, Zenith는 LG로부터 투자금을 유치해 재기를 노렸다. 하지만 미국 내 자본시장에서는 Zenith의 독자 생존을 비관적으로 보았고, Zenith 최대주주들은 주주가치 제고를 명목으로 가전 사업 매각을 압박했다spectrum.ieee.org. 결국 1995년 7월 Zenith 이사회는 LG전자에 지분 과반(약 57.7%)을 매각하기로 합의했고, 미국 최후의 TV 제조사가 외국 기업 산하로 들어가는 역사적인 순간이 찾아왔다spectrum.ieee.orglatimes.com. 이로써 1918년 창업 이래 77년간 이어져온 Zenith의 독립 경영은 막을 내리게 되었다. 이후 Zenith는 1999년 파산보호 신청과 함께 LG전자가 잔여 지분을 모두 인수하여 완전 자회사가 되었고spectrum.ieee.org, Zenith라는 이름은 LG전자의 북미 R&D법인 및 브랜드로 남게 되었다. Zenith의 몰락은 한 시대를 마감하는 사건으로 받아들여졌다. LA타임스는 Zenith 매각 소식을 전하며 "마지막 미국 TV 제조사의 77년 여정이 끝났다"고 평했다latimes.com. 미국 소비자들도 더 이상 '미국산 TV'를 찾아볼 수 없게 되었고, Zenith 브랜드 TV는 사실상 한국 기업이 만드는 시대가 되었다.

흥미롭게도 Zenith가 LG에 인수될 무렵, 정작 Zenith 자체의 TV 생산은 대부분 해외에서 이루어지고 있었다. Zenith는 1970년대부터 멕시코 마타모로스와 레이노사 등에 공장을 세워 부품을 제조했고, 1980년대 이후 최종 조립마저 해외공장 비중을 늘렸다spectrum.ieee.org. 1990년대 중반 Zenith TV의 상당수는 멕시코 등지에서 생산되어 들여온 것이었으며, 미국 국내 공장에는 대형 고급 TV 일부 조립만 남은 상태였다latimes.com. 아이러니컬하게도 Zenith가 무너질 당시 오히려 Thomson(프랑스), Philips(네덜란드), Sony(일본) 등 해외 기업들이 미국 현지에 TV 조립공장과 연구소를 운영하고 있었다latimes.com. 즉, 미국 브랜드 TV는 외국에서 만들고, 외국 브랜드 TV는 미국에서도 만드는 기현상이 벌어진 것이다. Zenith의 사례는 시장 점유율뿐 아니라 생산 기반과 기술 주도권에서도 미국이 쇠퇴하고 있음을 극명하게 보여주었다.

5. R&D 축소와 전자산업 생태계 붕괴

RCA와 Zenith의 몰락 과정에서 공통으로 나타난 현상은 연구개발(R&D) 투자 축소와 산업 생태계의 붕괴였다. 두 기업은 1970년대 이후 수익 압박에 시달리자 미래를 위한 R&D 지출부터 줄였다. 앞서 언급했듯 Zenith는 1977년과 1987년에 걸쳐 수백 명의 기술인력을 해고하며 연구소 규모를 급감시켰고spectrum.ieee.org spectrum.ieee.org, RCA도 1986년 GE 인수 후 사노프 연구소에 대한 자금 지원을 완전히 중단했다opg.optica.org. R&D 축소는 곧 기술 경쟁력 약화로 이어졌다. RCA의 경우 디지털 영상, LCD 등 차세대 디스플레이 기술을 한때 선도했으나, 1980년대에 연구 인력이 흩어지면서 이러한 신기술을 지속적으로 상용화하지 못했고 일본 등 외국 기업들이 이를 따라잡았다. Zenith 역시 연구 인력 유출로 FTM 평면브라운관 같은 혁신 기술을 끝까지 진화시키지 못한 채 주도권을 빼앗겼다 spectrum.ieee.org. 업계 전문가는 "회사가 침몰할 때 가장 먼저 연구인력을 내보낸 것은 총과 탄약부터 버린 꼴"이라고 평했는데, 단기 생존을 위해 미래 무기를 버린 결과가 되었다는 의미다.

또한 두 기업은 비용 절감을 위해 생산 공장의 해외 이전을 단행했는데, 이는 미국 전자산업 생태계의 기반 약화로 직결되었다. Zenith는 1970년대부터 멕시코로 일부 생산을 이전했고 RCA도 1980년대 TV 생산을 일본과 합작하거나 외주 제조로 전환했는데, 이러한 오프쇼어링(off-shoring)은 미국 내 부품 공급망 붕괴와 숙련인력 실직을 초래했다epi.org. 실제 경제정책연구(EPI)의 분석에 따르면 RCA와 Zenith가 생산 거점을 해외로 옮기는 과정에서 연구인력 축소, 국내 공장 폐쇄, 축적된 제품기술의 해외 이전이 동반되었고, 이것이 미국 전자산업 경쟁력 약화의 핵심 요인이 되었다고 지적된다epi.org. 부품 협력사들은 대형 세트 제조사가 사라지면서 같이 도산하거나 중국·멕시코 등지로 이전해야 했다. 예를 들어 한때 미국 내 유리브라운관, 전자부품 공장들이 Zenith 등에 납품했지만, 1990년대 중반 Zenith의 경영 악화로 상당수가 문을 닫았다. RCA TV를 생산하던 인디애나주 블루밍턴 공장은 Thomson으로 넘어간 후 1990년대 말 폐쇄되었고, Zenith가 남아 있던 일리노이 멜로즈파크 CRT 공장도 LG 인수 후 문을 닫았다. 그 결과 수만 명의 미국 제조업 일자리가 줄어들었을 뿐 아니라, 한때 전자공학 인재들이 모여 혁신을 도모하던 미국 TV 산업 생태계가 급속히 무너졌다.

이러한 변화는 거시 지표로도 확인된다. 1980년대 말 전세계 소비자가전 생산에서 미국이 차지하는 비중(%)은 한 자릿수로 급락한 반면, 일본은 30% 이상을 차지하며 명실상부한 가전강국이 되었다. 한 보고서에 따르면 1988년 전 세계 전자제품 생산액에서 일본 기업 비중은 36%에 달한 반면, 미국 기업은 고작 6.7%에 불과했다고 한다hartj.pages.iu.edu. 불과 수십 년 전만 해도 RCA와 Zenith를 앞세워 세계 최대 가전 생산국이었던 미국이, 1980년대 말에는 기술도 생산도 남의 나라에 의존하는 처지가 된 것이다. 더구나 Zenith의 몰락 후 미국에는 소비자 전자제품을 자체 개발·생산하는 주류 기업이 사실상 전무해졌다. RCA와 GE가 가전에서 손을 뗀 후 미국은 양대 거인을 상실했고, 유일하게 남은 Zenith마저 외국자본에 넘어가자 "미국 TV 산업은 스스로 무덤을 판 셈"이라는 자조가 업계에 나왔다epi.org. 이는 비단 TV 제조사들만의 문제가 아니라, 관련 부품·장비·소재 업체들까지 연쇄적인 도미노 타격을 받은 산업 공동화(hollowing-out) 현상이었다. 미국 전자산업의 근간이었던 생산-연구 인프라가 붕괴되면서 이후 디스플레이, VCR, 캠코더 등 새로운 제품 영역에서도 미국 기업들은 주도권을 회복하지 못했다.

6. 미국 전자산업 쇠퇴의 교훈

RCA와 Zenith의 흥망은 제조 기반과 장기 투자의 중요성을 일깨워주는 사례로 평가된다. 두 기업의 몰락에서 얻을 수 있는 가장 큰 교훈은, 기술 산업에서 "성숙산업"이란 환상에 안주하면 안 된다는 것이다. 한 업계 보고서는 "미국 대부분의 기업들이 텔레비전 제조를 성숙한 산업이라고 간주한 것은 치명적인 실수였다"고 지적한다epi.org. 실제로 RCA와 Zenith 경영진은 1970년대 TV 사업을 정체된 분야로 보고 새로운 사업에 치중하거나 원가 절감에만 매달렸지만, 일본 기업들은 오히려 미국으로부터 기술을 적극적으로 들여오고 생산공정을 자동화하며 꾸준히 투자했다epi.org. 그 결과 일본 업체들은 미국보다 훨씬 빠르게 진공관에서 트랜지스터, 아날로그에서 디지털로 기술 전환을 이뤄내며 경쟁우위를 확보했다epi.org. 반면 미국 기업들은 단기 수익에 급급해 R&D와 생산설비에 대한 장기 투자를 등한시함으로써, 결국 시대 변화에 뒤처지고 말았다. RCA와 Zenith가 무너진 1990년대에 이르러 미국은 가전 분야의 기술 리더십을 완전히 상실했고, 이후 디지털 TV나 VCR 같은 신시장도 일본과 유럽 기업들이 선점하게 되었다epi.org. "제대로 된 새 피를 수혈하지 않으면 어떤 거인도 쓰러진다"는 말처럼, RCA와 Zenith는 한때 시장을 호령했지만 혁신의 체질 개선에 실패한 거인의 최후를 보여주었다.

또 다른 교훈은 제조 생태계의 중요성이다. RCA와 Zenith 사례에서 보듯, 자국 생산 기반을 포기하고 해외에 의존하면 초기에는 비용이 절감될지 모르나 산업의 근간(산업 생태계)이 무너져 장기적 경쟁력을 잃게 된다epi.org. 전자산업처럼 기술 변화 속도가 빠른 분야에서는 제조 현장에서의 피드백과 숙련된 인력이 혁신을 지탱하는데, RCA와 Zenith가 공장을 줄이고 인력을 내보내자 그런 능력이 크게 약화되었다. RCA는 한때 세계 최고 수준의 전자공학 인재들이 모인 기업 연구소를 보유했지만, 제조사업 철수 이후 그 인재들이 뿔뿔이 흩어져 버렸다. Zenith의 경우도 HDTV 등 일부 기술은 끝까지 개발에 참여했으나 정작 제품을 만들어낼 생산 역량과 자본이 부족해 빛을 보지 못했다. 장기적인 안목에서 R&D에 투자하고 국내 제조 역량을 유지하는 것의 가치를 이 두 기업의 몰락은 극명하게 보여준다. 실제 RCA가 해체된 후 미국 정부와 업계는 "이런 실수를 반도체 등 다른 전략산업에서 되풀이하지 말아야 한다"는 자성에 나섰고, 1990년대 이후 첨단 반도체, 항공우주 등 분야에서는 제조기반 회복과 정부의 R&D 지원이 중요하다는 인식이 확산되었다.

결국 RCA와 Zenith의 쇠퇴사는 기업 경영과 국가 산업정책 양측에 시사점을 준다. 기업 측면에서는 기술혁신을 경시하고 눈앞의 이익만 좇으면 경쟁우위를 잃는다는 교훈이며, 산업 정책 측면에서는 제조업을 단순한 과거 유산으로 치부하지 말고 기술 인프라와 인재 육성에 지속 투자해야 한다는 깨달음이다. 20세기 중반 "발명과 품질의 상징"이었던 RCA와 Zenith의 몰락은, 산업 경쟁력은 한순간 방심하면 추락할 수 있음을 보여준 반면교사다. 미국 전자산업의 쇠퇴 과정을 통해, 생산 기반을 지키는 일의 중요성과 장기적 안목의 투자가 결국 국가 기술경쟁력의 원천임을 다시 한번 확인할 수 있다.epi.orgepi.org

칼럼 기술은 있었지만, 왜 살아남지 못했는가: RCA와 Zenith의 경우

RCA와 Zenith는 미국 전자산업의 마지막 자존심이었다. RCA는 라디오와 컬러 TV, 통신기술의 개척자였고, Zenith는 평면 브라운관이라는 혁신기술을 세계 최초로 개발한 기업이었다. 그러나 오늘날 이들 이름을 아는 사람은 많지 않다. 두 기업은 모두 1990년대 안에 사라졌고, 그 기술도, 공장도, 인재도 미국에 남지 않았다.

이들은 왜 실패했을까? 그들에게는 기술이 없었던 것이 아니다. 기술은 있었지만, 기술을 지킬 생각이 없었다. 그 말은 아마 이 두 회사의 운명을 가장 정확히 설명해준다.

1980년대 이후 RCA와 Zenith는 공통적으로 '자산을 팔아 생존하려 했다'는 특징을 보인다. RCA는 GE에 인수된 뒤 방송국 NBC만 남기고 모든 부서를 매각당했고, Zenith는 적자를 기록하자 곧바로 연구개발 인력을 감축했다. 그 순간, 이들은 기술 기반의 제조기업이 아니라, 분할 가능한 자산 집합이 되었다.

왜 그랬을까? 이유는 명확하다. 당시 자본시장의 분위기는 "기술은 비용이며, 주가는 현금흐름으로 오른다"는 논리를 지배했다. GE의 잭 웰치는 RCA 인수 직후 "NBC만 원했다"고 선언했고, 실제로 RCA의 기술자산은 얼마 지나지 않아 외국 기업에 넘어갔다. Zenith 역시 생존을 위해 품질보다 단가를 택했고, 결국 LG에 인수되며 미국 TV산업의 마지막 불씨는 꺼졌다.

그러나 이 모든 과정은 불가피한 운명이었던 것은 아니다. 그들이 달리 선택할 수도 있었다는 증거는 당시 경쟁자들이 보여주었다. 일본의 소니, 파나소닉, 한국의 삼성, LG는 모두 단기 이익보다 장기 기술력을 유지하는 쪽을 택했고, 생산기지를 해외로 옮기되 핵심 기술은 붙들고 있었다. 결과적으로 살아남은 건 그들이었다.

RCA와 Zenith의 실패는 단지 두 기업의 실패가 아니다. 그것은 국가 산업이 어떻게 해체되는가를 보여주는 '절차적 기록'이다. 한 산업이 무너질 때 기술이 먼저 사라지지 않는다. 기술을 지탱하던 조직, 인재, 투자가 먼저 사라지고, 그 뒤에 기술이 따라 사라진다.

이 사례는 오늘날 한국에도 시사하는 바가 크다. 한국 역시 기술은 있지만, 점점 단기 이익 중심의 경영, 외부 투자자의 단기 압력, 자산 매각을 통한 수익성 확보에 경도되는 기업이 늘고 있다. RCA의 이름이 상표만 남고, Zenith의 기술이 외국에 넘겨졌던 그 길을 우리가 되밟지 않으리란 보장은 없다.

기술은 비용이 아니다. 기술은 시간이 필요하고, 뿌리가 필요하고, 이해관계자 모두의 인내가 필요하다. 그 인내가 사라지는 순간, 기술도 사라진다. RCA와 Zenith는 그 반면교사다.

분석 삼성전자 · LG전자를 위한 간접적 통찰

RCA와 Zenith가 사라진 이유로부터 얻는 교훈

1. "기술이 아니라, 기술을 대하는 태도가 기업의 미래를 결정한다"

RCA는 컬러 TV, 위성통신, 라디오 등 미국 전자기술의 선도자였고, Zenith는 평면 브라운관 등 세계적 디스플레이 기술을 보유하고 있었다. 하지만 두 기업 모두 단기 수익 악화를 이유로 연구개발 인력을 감축하고 기술 투자를 중단했고, 그 결과, 스스로 기술을 포기하며 경쟁력을 잃었다.

삼성전자와 LG전자는 지금 전 세계에서 가장 많은 기술 인력을 보유하고 있지만, 글로벌 수익 둔화와 투자자 압박 속에서 지속적인 기술 투자의 중요성이 시험대에 올라 있다.

☞ 지금은 인내의 시기다. R&D 비용은 줄일 수 있는 '비용'이 아니라, 위기 속에서 반드시 지켜야 할 '자산'이라는 태도 전환이 필요하다.

2. "브랜드만 남고 기업은 사라진다"는 경고를 기억하라

GE는 RCA를 인수하고 NBC 방송사만 남기고 나머지 제조 부문을 매각했다. RCA라는 이름은 살아남았지만, 그것은 단지 라벨일 뿐이었다. Zenith는 기술도, 브랜드도 결국 외국 자본에 넘어갔고, 미국 TV 산업은 껍데기만 남기고 사라졌다.

삼성과 LG는 세계적 브랜드를 가지고 있다. 하지만 그 브랜드가 언제까지나 기술의 실체와 연결되어 있다는 보장은 없다.

☞ 브랜드를 유지하려면 하드웨어 제조력, 부품 내재화, 핵심 기술의 선도적 지위를 끝까지 유지해야 한다. 그렇지 않으면, 브랜드만 남고 기업은 사라지는 RCA의 운명을 피하기 어렵다.

3. "콘텐츠가 미래라는 유혹에 경계하라"

RCA의 경영진은 방송사(NBC)를 중심으로 전환했고, GE는 미디어 중심의 전략 전환을 '혁신'으로 포장했다. 하지만 이 전략은 결국 제조업의 소멸과 기술력 상실로 이어졌다.

삼성과 LG도 지금 콘텐츠 플랫폼, 서비스 비즈니스로의 확장을 추진하고 있다. 삼성은 SmartThings 기반 생태계를 확대 중이고, LG는 'Life's Good' 캠페인을 통해 브랜드 리포지셔닝을 시도하고 있다.

☞ 콘텐츠·서비스 전환은 중요하지만, 그것은 '부가가치'이지, 기업의 '핵심역량'이 되어서는 안 된다. 전자산업의 핵심은 여전히 디바이스, 부품, 제조 경쟁력이다.

☞ 하드웨어 없이 생존하는 브랜드는 없다. RCA가 그랬듯이.

4. "글로벌 생산 거점 확대보다 국내 핵심 역량 유지가 중요하다"

RCA와 Zenith는 시장 수요에 따라 생산기지를 재편했지만, 기술 중심 인재와 설계능력의 국내 기반을 유지하지 못했다. 결국 기업은 생산성을 높였지만, 혁신의 속도를 잃었다.

삼성과 LG는 현재 헝가리, 베트남, 인도, 멕시코 등에 대규모 생산시설을 갖추고 있다. 하지만 핵심 R&D와 부품 설계, 소재 개발 등 '두뇌'의 공간은 여전히 한국에 있다.

해외 이전은 필연적일 수 있지만, 그로 인해 국내 기술 생태계와 협력망이 붕괴된다면 한국은 전자산업의 수출국이 아니라 단순 조립 수입국이 될 수 있다.

☞ 설계 · 소재·부품 내재화 핵심 조직은 반드시 국내에 유지되어야 한다.

5. "인재와 조직이 기술보다 먼저 떠난다"

RCA는 기술보다 먼저 연구소를 닫았고, Zenith는 적자가 나자 연구개발 인력을 해고했다. 그 순간부터 기술은 서서히 사라졌다.

기술은 데이터가 아니라, 사람의 축적이다. 삼성과 LG는 세계적 연구 인프라를 갖추고 있지만, 청년 엔지니어의 이직 증가, 내부 전환 배치, 외부 협력 비중 확대 등으로 핵심기술의 축적 기반이 흔들릴 수 있다는 우려가 있다.

☞ '핵심기술 인재'는 경제 상황과 무관하게 계속 투자하고 유지해야 할 전략자산이다.

결론

RCA와 Zenith는 기술이 없어서 망하지 않았다. 기술을 지킬 인내와 전략이 없어서 사라졌다. 삼성전자와 LG전자는 지금 전 세계에서 가장 강한 전자기업이지만, 그 지위는 기술 투자, 내재화 역량, 인재 축적, 브랜드 철학을 놓치는 순간 무너질 수 있다.

산업은 강한 자가 살아남는 것이 아니라, 끝까지 붙잡고 간 자가 살아남는다. 삼성과 LG는 그 선택을 지금 하고 있는가?

CHAPTER

5

산업에서 방송으로
: 웨스팅하우스의 변신과 해체

부동산 투자의 실패

웨스팅하우스(Westinghouse Electric Corporation)는 한때 제너럴일렉트릭(GE)과 어깨를 나란히 했던 미국 중공업의 심장이었다. 전력 시스템, 원자로, 산업용 기기, 엘리베이터, 가전제품, 라디오… 거의 모든 전기·기계 부문에서 웨스팅하우스의 이름은 곧 기술력과 신뢰의 상징이었다.

하지만 1980년대 후반, 이 산업 제국은 전혀 예상치 못한 영역에서 무너져 내린다. 그 시작은 다름 아닌 부동산과 정크본드 투자였다.

웨스팅하우스는 1980년대 초반 금융 자회사인 Westinghouse Credit Corporation을 통해 상업용 부동산 개발, LBO 금융, 고위험 채권 투자 등 고수익 금융 비즈니스에 뛰어들었다. 초기에는 성공적이었다. 부동산 호황과 고금리 투자 수익으로 단기 실적이 급등했고, 본사의 전통 사업을 보조하는 '금송아지'로 평가받았다.

하지만 거품은 오래가지 않았다. 1989년 미국 상업용 부동산 시장이 붕괴하고, 저축대부조합(S&L) 위기와 함께 정크본드 시장이 무너지자, 웨스팅하우스 금융부문은 수조 원의 손실을 입게 된다.

1990년, 웨스팅하우스는 단 한 분기 만에 16억 달러의 적자를 발표했고, 신용등급 하락 위기를 맞았다. 이제 회사를 살릴 방법은 단 하나, 전통 제조 자산을 팔아 금융 손실을 메우는 것이었다.

이렇게 해서, 웨스팅하우스의 산업 해체가 시작된다.

제조업을 포기한 중공업의 상징

1990년대 초, 웨스팅하우스는 긴급 구조조정에 착수한다. 본사 직원 4,000여 명 해고, 비핵심 자산 정리, 투자 삭감. 하지만 그것만으로는 부족했다. 회사는 본격적으로 중공업 사업부 매각에 나섰다.

1994년에는 가전 부문과 산업설비 부문을 매각했고, 1995년에는 웨스팅하우스의 핵심이자 가장 오래된 사업인 전력·원자력 관련 제조부문까지 팔기 시작했다. 수십 년간 미국 에너지산업을 떠받치던 기술자산이 시장에 나왔다.

그리고 그해, 웨스팅하우스는 전혀 예상치 못한 선언을 한다. 미국 3대 방송사 중 하나인 CBS를 54억 달러에 인수하겠다고 발표한 것이다. 그해 CEO는 이렇게 말했다.

"우리는 에너지와 장비에서, 콘텐츠와 정보의 회사로 나아갈 것이다."

시장 반응은 혼재되었지만, 주가는 일시적으로 반등했다. 그것은 '산업'이라는 무거운 짐을 내려놓고, 가벼운 자산과 현금흐름이 빠른 방송업으로의 전환이었다. 전통 제조기업에서, 미디어 기업으로. 웨스팅하우스는 스스로 산업의 무대에서 퇴장하는 길을 선택한 셈이었다.

CBS만 남기고 사라진 기술

CBS 인수 이후, 웨스팅하우스는 본격적으로 제조업에서 손을 뗀다. 1996년까지 거의 모든 공장, 생산라인, 연구소, 특허 자산을 매각하거나 분사했고, 1997년에는 회사 이름마저 CBS Corporation 으로 변경한다. 그 결과, 100년 넘게 쌓아온 기술과 제조 유산은 사라졌고, 웨스팅하우스라는 이름은 방송국 로고에만 남는 브랜드로 전락했다.

2000년대 초반, CBS는 다시 바이어컴에 인수되었고, 한때 GE와 경쟁하던 웨스팅하우스는 완전히 미국 제조업의 역사 속으로 사라지게 된다. 다만 한 가지 역설적인 사실이 있다. 웨스팅하우스가 포기한 원자력 사업 부문은 이후 영국 BNFL을 거쳐 일본 도시바에 인수되었고, 21세기 들어 미국이 다시 원자력 발전에 눈을 돌리면서 이 기술은 다시 필요해졌다. 문제는, 미국에 그 기술이 남아있지 않았다는 점이다. 한 에너지 전문가는 당시를 이렇게 회고했다.

"우리는 우리 손으로 만든 기술을 해외에 넘기고, 다시 비싼 값에 빌려 써야 하는 시대를 맞았다."

웨스팅하우스의 해체는 단지 하나의 기업 이야기가 아니다. 그것은 미국 제조업이 금융화되는 과정의 대표적인 사건이며, 단기 수익과 주가 상승을 위해 기술과 생산을 어떻게 포기했는지를 보여주는 교과서적인 사례다.

CBS만 남기고, 기술도, 공장도, 인력도 모두 사라진 이 기업은, "미디어 기업의 승리"라기보다는 산업적 정체성의 자살로 이해해야 할지도 모른다.

보고서 웨스팅하우스 몰락의 과정과 교훈

웨스팅하우스의 역사적 위상과 산업 역할

웨스팅하우스 일렉트릭(Westinghouse Electric)은 1886년 조지 웨스팅하우스에 의해 설립된 미국의 대표적인 전기·전자 제조 기업이다yna.co.kr. 20세기 초부터 중반까지 웨스팅하우스는 중공업, 전력 생산 및 송배전, 소비자 가전, 원자력 등 여러 산업 분야를 선도하며 제너럴 일렉트릭(GE)과 함께 미국 산업 발전을 이끈 거대 기업이었다. 예를 들어 발전용 증기 터빈과 발전기 시장의 주요 공급자였고, 1930년대부터 원자력 연구에 참여하여 미국 원전 개발을 주도하는 등 핵에너지 분야에서도 큰 역할을 했다en.wikipedia.org. 특히 웨스팅하우스는 전 세계 원자력 발전소의 절반 가량을 건설했을 정도로 이 분야에서 압도적인 위상을 자랑하기도 했다yna.co.kr. 이러한 배경으로 웨스팅하우스는 미국 제조업을 상징하는 기업 중 하나로 자리매김하였다.

1980년대 금융화 전략과 부동산·정크본드 투자 실패

웨스팅하우스는 1970~80년대에 전통 제조업 부문의 성장 정체와 경영 부진을 겪자, 보유 자금으로 금융 사업에 진출하는 전략적 결정을 내렸다en.wikipedia.org. 이는 제품 판매를 촉진하기 위한 딜러 대상 할부금융으로 시작된 사업이었지만, 점차 금융 수익 극대화를 노리는 방향으로 확대되었다. 실제로 1980년대 웨스팅하우스는 금융화(financialization) 전략의 일환으로 금융 자회사를 통해 정크본드(투기등급 채권) 및 상업용 부동산 대출 등 고위험 · 고수익 자산에 공격적으로 투자하였다nuclearelectricalengineer.com. 그 결과 한때 금융부문 자산이 1980년 19억 달러에서 1986년 57억 달러로 크게 증가하며 막대한 이익을 올리기도 했다nuclearelectricalengineer.com. 그러나 이러한 투자는 경제 환경이 악화되자 곧 부메랑이 되어 돌아왔다. 1990년 미국 경기침체로 부동산 경기와 저신용 채권 시장에 거품이 붕괴되면서 웨스팅하우스의 금융 자산도 대거 부실화된 것이다

nuclearelectricalengineer.com.

이로 인해 웨스팅하우스는 1990년에 약 10억 달러 규모의 대출 손실을 입고, 1991년 3분기에는 15억 달러에 달하는 순손실을 기록하며 크게 휘청거렸다washingtonpost.comnuclearelectricalengineer.com. 특히 상업용 부동산 대출 부문의 타격이 심각했는데, 분석에 따르면 당시 웨스팅하우스 금융 자회사 대출의 80%가 부동산과 차입매수(LBO) 같은 고위험 영역에 몰려 있었던 것으로 드러났다washingtonpost.com. 웨스팅하우스뿐만 아니라 1980년대 많은 제조 기업들이 금융 규제 완화와 높은 수익률에 힘입어 이처럼 금융 부문에 뛰어들었지만washingtonpost.com, 웨스팅하우스의 사례는 그러한 금융화 전략의 위험성을 여실히 보여주었다. 결국 웨스팅하우스는 1990년대 초반 누적된 부실을 정리하기 위해 구조조정에 들어갔고, 1992년에는 금융 자회사 정리를 포함한 대대적인 사업 재편 계획을 발표하기에 이르렀다en.wikipedia.org.

제조 자산의 매각과 산업 해체 과정

1990년대 중반, 웨스팅하우스는 위기를 탈출하고 새로운 전략을 실행하기 위해 대대적인 사업 구조 개편에 돌입했다. 핵심은 돈이 많이 드는 제조 부문을 축소하거나 처분하고 그 자원을 새로운 분야로 돌리는 것이었다. 특히 CBS 인수로 대표되는 미디어 사업 확장 자금을 마련하고 재무 건전성을 확보하기 위해, 웨스팅하우스는 전통적인 제조 부문의 자산을 대거 매각하였다en.wikipedia.org. 이 시기에 웨스팅하우스가 처분한 주요 사업부는 다음과 같다:

- 배전 및 제어 사업부(배전기기) – 1994년 이튼(Eaton)에 16억 달러에 매각되었다nuclearelectricalengineer.com.
- 방위산업 전자부문(방산전자) – 1996년 노스럽그루먼(Northrop Grumman)에 30억 달러에 매각되었다washingtonpost.com. 이 매각 대금은 CBS 방송사 인수 자금 조달에 직접 활용되었다.
- 사무용 가구 사업부(놀, Knoll) – 1996년 매각 협상 후 5억 6천만 달러에 매각되어 부채 상환에 사용되었다washingtonpost.com.
- 냉동 · 공조 사업부(써모킹, Thermo King) – 1997년 인거솔랜드(Ingersoll-

Rand)에 매각되어 제조업 포트폴리오에서 제외되었다en.wikipedia.org.

- 발전설비 사업부(화력 · 가스터빈 등) – 1997년 독일 지멘스(Siemens)에 15억 달러에 매각되었다latimes.com. 이로써 웨스팅하우스는 발전 기자재 사업에서 철수하였다.

이처럼 잇따른 매각을 통해 웨스팅하우스는 막대한 현금을 확보하여 부채를 상환하고 향후 투자의 재원을 마련할 수 있었다washingtonpost.com. 그러나 동시에 100년 넘게 이어온 제조업 자산을 스스로 해체하는 결과를 가져왔다. 방위전자, 가전제품, 발전설비 등 핵심 사업부가 하나둘 사라지면서, 웨스팅하우스는 더 이상 종합 제조기업으로 볼 수 없게 되었다. 실제로 1996년 방산 부문 매각 당시 웨스팅하우스 내부에서도 "이제 웨스팅하우스는 한때와 같은 일류 산업 제조사가 아니라 방송 기업에 더 가깝다"는 자조적인 평가가 나올 정도였다washingtonpost.com. 1997년경에 이르면 웨스팅하우스에는 사실상 원자력 사업 부문만이 남게 되었고, 이마저도 곧 매각 수순에 들어가면서 전통적인 제조 기업으로서의 웨스팅하우스는 해체된 것이나 다름없었다.

CBS 인수와 미디어 기업으로의 전략 전환

웨스팅하우스의 전략 대전환은 1995년 이루어진 미국 CBS 방송사 인수로 집약된다. 웨스팅하우스는 1990년대 중반 새로운 성장 돌파구로 미디어·방송 산업을 지목하고, 과감하게 투자 포트폴리오를 옮겼다. 그 정점이 된 1995년 웨스팅하우스의 CBS 인수는 약 54억 달러에 이루어졌으며, 이를 통해 웨스팅하우스는 미국 3대 지상파 방송망 중 하나를 소유하게 되었다nuclearelectricalengineer.com. 원래 웨스팅하우스는 오랫동안 Group W로 불리는 지역 방송국과 라디오 사업부(웨스팅하우스 브로드캐스팅)를 운영해왔는데, 1990년대 들어 이 방송 사업을 대폭 확장하기 시작했다. 1995년 CBS 인수 이전에도 TNN, CMT와 같은 케이블 TV 채널, 인피니티 방송(Infinity Broadcasting) 등 여러 방송사와 미디어 자산을 연달아 사들이며 총 150억 달러 이상을 들이는 공격적 인수합병을 단행했다en.wikipedia.orgnuclearelectricalengineer.com. 이러한 투자로 웨스팅하우스는 단숨에 미국 최대

규모의 방송 미디어 기업 중 하나로 발돋움하게 되었다.

웨스팅하우스 경영진은 대규모 방송 사업 인수를 완료한 후 제조업에서 미디어로의 변신을 공식화하였다. 1997년 12월 1일, 웨스팅하우스 일렉트릭은 사명을 CBS 코퍼레이션(CBS Corporation)으로 변경하고 "고성장 · 고수익의 방송, 라디오, 케이블 네트워크 사업에 집중하는 순수 미디어 기업(pure-play media company)"으로 거듭날 것임을 선언했다latimes.comlatimes.com. 실제로 1998년까지 남아 있던 산업 부문을 모두 매각한 CBS 코퍼레이션은 방송망과 미디어 콘텐츠를 핵심으로 하는 회사로 재탄생했다latimes.com. 2000년에는 이 CBS 코퍼레이션이 미디어 그룹 바이아컴(Viacom)과 합병하여 거대한 종합 미디어 기업이 되었고, 이 과정에서 웨스팅하우스라는 이름과 정체성은 기업 역사에서 완전히 사라지게 되었다nuclearelectricalengineer.com. 불과 몇 년 사이에 웨스팅하우스는 제조업의 상징에서 미디어 기업으로 탈바꿈하며 미국 산업 구조 변화를 상징하는 극적인 행보를 보인 것이다.

기술 유출과 원자력 부문의 해외 이전

웨스팅하우스는 1950년대 세계 최초의 상업 원자로를 개발하는 등 일찍부터 원자력 발전 분야를 개척했고, 한때 전 세계 가동 원전의 절반을 디자인하거나 건설할 정도로 핵산업 분야를 주도했다yna.co.kr. 그러나 1990년대의 사업 재편 속에서 이 핵심 사업마저 외국 기업으로 넘어가게 되었다. 웨스팅하우스는 1999년 자사가 보유한 상업용 원자력 사업 부문을 영국 국유 원전연료회사 BNFL(British Nuclear Fuels Ltd.)에 11억 달러에 매각했다nuclearelectricalengineer.com. BNFL은 이 인수 자산을 토대로 웨스팅하우스 일렉트릭 컴퍼니(Westinghouse Electric Company)라는 자회사로 재편하고, 스위스 ABB의 원전 사업까지 흡수하여 웨스팅하우스의 원전 기술을 계승하였다. 이후 2006년 BNFL이 민영화 일환으로 웨스팅하우스 일렉트릭 컴퍼니를 매물로 내놓자, 일본의 전자업체 도시바(Toshiba)가 약 54억 달러의 높은 가격을 제시하여 이를 인수하였다nuclearelectricalengineer.com. 이로써 웨스팅하우스의 핵심 원자력 기술과 사업부는 해외 기업의 손에 완전히 넘어가게 된 것이다. 미국이 한때 선도했던 원자력 발전 기술이 영국을 거쳐 일본 기

웨스팅하우스의 설계로 미국 조지아주에 건설 중인 원자력 발전소의 격납건물 돔
웨스팅하우스는 세계 원전 산업을 이끌었던 선두 기업이었으나, 21세기 들어 핵심 원전 기술과 사업부가 해외로 이전되는 운명을 맞았다.

업으로 소유권이 이전된 데 대해, 미국 산업계 일각에서는 기술 유출에 따른 국가 전략 산업 상실을 우려하는 목소리도 나왔다.

도시바는 웨스팅하우스 인수 이후 차세대 원자로(AP1000)를 앞세워 미국과 중국 등지에서 원전 건설 프로젝트를 추진했으나, 비용 초과와 공기 지연 등의 문제로 큰 어려움을 겪었다. 그 결과 웨스팅하우스 일렉트릭 컴퍼니는 2017년 3월 미국 법원에 챕터11 파산보호 신청을 하는 지경에 이르렀고, 모회사 일본 도시바도 이 사업에서만 7,000억 엔(약 7조 원) 이상의 손실을 입어 회생 불능 위기에 빠졌다yna.co.kr. 130년 넘는 역사를 자랑하던 웨스팅하우스가 결국 미국이 아닌 해외 기업 산하에서 파산 절차를 밟게 된 이 충격적인 사건은, 웨스팅하우스의 몰락 과정을 극적으로 보여주는 결말이라 할 수 있다.

웨스팅하우스 사례가 보여주는 미국 제조업의 금융화 교훈

웨스팅하우스의 흥망은 미국 제조업의 금융화가 가진 명암을 단적으로 드러내준다. 1980년대 기업 경영에서 "그리드 이즈 굿(Greed is good)"이라는 구호가 유행하던 시절, 웨스팅하우스를 비롯한 많은 제조 기업들이 제조 본연의 경쟁력 강화보다는 금융 투자와 단기 이윤에 집중하는 전략을 선택했다washingtonpost.com. 웨스팅하우스의 사례는 이러한 선택이 초래할 수 있는 위험성을 극명하게 보여준다. 금융화란 제조 기업이 생산보다는 금융 거래와 투자 수익에 기업 활동의 무게중심을 옮기는 현상인데, 이는 단기적으로 수익을 높여 주주들을 만족시킬 수 있지만 장기적으로는 기업의 체질 악화와 핵심 기술 기반의 붕괴로 이어질 수 있다는 것이다 washingtonpost.comwashingtonpost.com. 실제로 웨스팅하우스는 금융 부문에서 막대한 이익을 올렸지만 결국 거품 붕괴 시기에 감당 못 할 손실을 입고 말았다. 그 충격을 이겨내기 위해 핵심 제조 사업들을 팔아치우자, 일시적으로 재무구조는 개선되었을지언정 자신이 쌓아온 산업 역량과 기술 유산마저 상실하는 결과를 빚었다. 나아가 그러한 기술 자산은 해외로 유출되어 자국 산업의 기반 약화로 이어졌다.

웨스팅하우스 이후 많은 기업들이 이 같은 전략의 오류를 인식하게 되었다. 한때 GE와 같은 기업도 제조보다 금융사업(GE 캐피털)에서 더 큰 이익을 올리며 승승장구했지만, 2008년 금융위기 이후 어려움을 겪은 끝에 2015년 대대적인 금융자산 매각을 통해 제조업 중심 기업으로 회귀하는 결정을 내렸다nuclearelectricalengineer.com. 웨스팅하우스의 몰락은 이러한 미국 제조업 금융화 시대의 교훈을 상징적으로 보여주는 사례로 평가된다. 즉, 제조업의 지속적인 혁신과 장기적 투자 없이 금융적 성공에만 의존할 경우 한때 세계를 호령했던 제조 강자도 몰락할 수 있음을 웨스팅하우스는 보여주었다. 미국 산업이 20세기 후반 탈공업화(de-industrialization)의 길을 걸으면서 많은 제조 기업들이 유사한 전환과 해체를 경험하였는데, 그 중에서도 웨스팅하우스는 가장 극적인 변신과 몰락을 겪은 사례로 남아 있다. 결국 웨스팅하우스의 경험은 제조업 본연의 경쟁력 유지의 중요성, 그리고 금융화 전략의 한계를 일깨워주는 뼈아픈 교훈이라고 할 수 있다.

칼럼 웨스팅하우스는 살아남을 수 있었는가
: 산업의 미래를 팔아버린 기업의 선택

웨스팅하우스의 역사는 미국 산업기술의 역사였다. 1886년 창립 이래, 웨스팅하우스는 교류 전력 시스템의 상용화, 원자력 발전 기술, 산업용 전기 설비, 라디오 방송, 가전제품 등 거의 모든 전기 산업의 흐름을 주도해왔다. 그러나 1990년대 중반, 웨스팅하우스는 전통 제조 부문을 모두 매각하고, 방송사 CBS만을 남긴 채 사라졌다.

이 극적인 해체는 당시에는 '미디어 중심의 전략적 전환', 또는 '낡은 산업에서 미래 산업으로의 이동'으로 포장되었다. 그러나 수십 년이 지난 지금, 이 선택은 오히려 다음과 같은 질문을 던지게 한다.

"웨스팅하우스는 정말로 그렇게 무너질 수밖에 없었을까?"

살아남을 수 있었던 대안: 기술을 지키고, 산업을 혁신했더라면

웨스팅하우스가 무너진 직접 원인은 금융부문 부실이었다. Westinghouse Credit은 고위험 정크본드와 상업 부동산에 투자했고, 1990년 이후 수조 원의 손실을 입었다. 결국 본사의 중공업 사업부들이 이 손실을 메우기 위해 매각되었고, 구조조정과 기술 유산의 해체가 이어졌다.

그러나 본질적인 문제는 회사의 정체성 상실과 단기 대응 중심의 전략이었다. 웨스팅하우스는 당시 GE와 함께 세계 최고의 원자력, 송배전, 산업전력 기술을 보유하고 있었다. 이 기술은 1990년대에는 수요가 줄어들었지만, 2000년대 이후 에너지 위기와 기후변화 대응이 본격화되며 다시 주목받기 시작했다. 즉, 기술을 유지하고 재편했다면, 10~20년 후 새로운 시장을 선도할 수도 있었던 것이다.

GE는 같은 시기 금융부문에서 막대한 손실을 입었지만, 항공, 헬스케어, 에너지 등 전략 제조부문은 유지하며 생존했다. 반면 웨스팅하우스는 미래 가능성이 있는 산업을 단기 손실 보전을 위해 먼저 팔아버렸다. 장기 기술의 시간표와 단기 재무

제표의 시간표가 충돌했을 때, 후자를 택한 셈이다.

다른 선택은 가능했는가?

가능했다. 다음과 같은 전략이 대안이 될 수 있었다.

1. 금융부문 리스크 관리 강화

   금융 손실이 커지기 전, 고위험 정크본드나 부동산 투자 비중을 줄이고, 제조부문에서 발생한 현금을 핵심 설비와 기술 유지에 투자했더라면 부실 전염을 막을 수 있었다.

2. 산업 내 핵심 사업 정리와 재투자

   전력설비, 원자력, 산업제어 등 고부가 산업은 유지하면서, 수익성이 낮은 소비재 부문만 구조조정했더라면 산업 경쟁력은 유지될 수 있었다.

   이 과정에서 디지털 전력기술, 스마트그리드, 신재생과의 연계기술로의 전환을 도모할 수도 있었을 것이다.

3. 기술 중심 기업 정체성 유지

   CBS 인수는 단기적 주가 상승에는 효과가 있었지만, 기업의 정체성을 송두리째 바꾸는 선택이었다.

   제조기업이 콘텐츠 기업으로 변신한다는 것은 단순한 사업 다각화가 아니라, 전문화된 조직, 인재, 시스템을 해체하는 과정이었다.

미국은 결국 다시 '웨스팅하우스'를 원했다

웨스팅하우스가 해체된 지 10년 후, 미국은 다시 원자력과 전력망 기술에 눈을 돌리기 시작했다. 중국과 유럽이 원전 설계 기술에서 앞서나가자, 미국은 뒤늦게 이를 '전략 기술'로 분류했고, 그때 이미 웨스팅하우스의 관련 부서는 일본 도시바에 넘어가 있었다.

기술은 필요해졌지만, 미국에는 기술이 없었다. 이것이 웨스팅하우스 해체가 남긴 가장 큰 아이러니다.

기업은 정체성을 버리고 살아남을 수 있는가? 물론 어느 기업이든 변화는 필요하다. 그러나 그 변화가 기업의 핵심 역량과 산업기반을 파괴하는 방식일 때, 그것은 생존이 아니라 해체다. 웨스팅하우스가 CBS만 남기고 사라졌을 때, 일부 투자자들은 박수를 쳤지만, 미국 산업 전체는 하나의 기술 축을 잃는 대가를 치렀다.

단기 생존을 위해 산업의 미래를 파는 전략, 그것이 웨스팅하우스가 택한 길이었다. 그리고 그 대가는, 기업만이 아니라 국가 전체의 기술안보에도 영향을 미쳤다.

분석 웨스팅하우스 해체가 오늘날 한국 에너지·중공업에 주는 교훈

웨스팅하우스는 미래를 팔고, 방송을 샀다. 기술과 산업 기반을 유지하는 대신 금융과 콘텐츠로 탈출구를 찾았고, 결과적으로 미국은 원자력과 중공업 기술의 상당 부분을 해외에 의존하게 되었다.

이제 한국 기업들, 특히 한화그룹, 두산에너빌리티(구 두산중공업), 현대중공업, 한국전력의 발전 자회사들은 비슷한 갈림길에 서 있다. 전통 산업이 구조적 전환기를 맞고 있는 지금, 무엇을 버리고 무엇을 지켜야 하는가?

다음은 웨스팅하우스 사례를 통해 도출할 수 있는 한국 산업계의 전략적 시사점이다.

1. 단기 재무개선이 아닌, 기술기반 구조 전환을 우선하라

웨스팅하우스는 금융 손실을 막기 위해 제조자산을 급히 매각했고, 그 과정에서 기술 기반까지 잃었다. 한국의 중공업 기업들도 현재 높은 부채비율과 수익성 저하 문제에 직면해 있다. 하지만 이를 해결하기 위해 주력 설비, 연구소, 엔지니어 조직부터 줄이는 방식은 장기적 자해에 가깝다.

예시

- 두산에너빌리티는 과거 위기 시 원자력 부문을 유지한 채 수소터빈, SMR 등으로 확장하고 있다. 이는 장기적 정답에 가까운 접근이다.
- 한화에너지 계열사들이 탄소중립·ESS 등으로 기술 포트폴리오를 확장하는 방향도 긍정적이다.

즉, 재무위기에는 대응하되 기술력의 모줄(modular core)은 지켜야 한다.

2. 산업 간 이동보다, 산업 내 진화에 집중하라

웨스팅하우스는 에너지와 전기를 버리고 방송산업으로 이동했다. 겉으로는 '사업 다각화'였지만, 실상은 기술 역량 단절, 조직 해체, 인재 이탈이었다.

오늘날 한국의 일부 기업들도 "미래는 플랫폼이다", "디지털 콘텐츠로 간다"는 구호 아래 핵심 제조업을 줄이고 플랫폼 중심으로 급격히 전환하려는 유혹에 빠져 있다. 그러나 플랫폼 진입은 자산보다 생태계와 네트워크가 핵심인 산업이다. 이는 기존 중공업 기업이 설계 · 조달 · 건설(EPC) 방식으로 대응하기 어려운 구조다.

따라서 전환보다는 '내부 진화', 즉 스마트팩토리, 산업AI, 그린에너지 전환 등 기존 산업 기반을 활용한 기술적 진화 전략이 더욱 현실적이다.

3. 기술 유산의 전략적 유지와 '국가적 보호' 장치를 병행하라

웨스팅하우스가 사라진 후, 미국은 다시 그 기술을 외국에서 사야 하는 상황에 처했다. 한국은 지금도 전력망 기술, 원전 설계, LNG선 건조, 중형 가스터빈 제조 등 일부 분야에서 세계 최고 수준의 경쟁력을 보유하고 있다.

이런 기술자산은 단지 기업의 수익원이 아니라, 국가적 전략자산이다. 따라서 기업은 이를 단기 채무 감축이나 사업 효율화 대상으로 삼기보다, 핵심 기술역량을 '지켜야 할 자산'으로 재정의할 필요가 있다. 정부 역시,

- SMR, 수소터빈, 탄소포집, 그린수소 기술 등에 대한 중장기 R&D 투자
- 중견 제조기업의 기술유지 비용을 보조하는 기술안보지원제도
- 해외기업 M&A 시 기술이전 제한 조항 도입 등 정책적 지원이 병행되어야 한다.

4. 산업 경쟁력은 기술 + 사람 + 조직의 조합이다

웨스팅하우스가 빠르게 해체된 결정적 이유는, 기술보다 먼저 조직과 인재가 붕괴되었기 때문이다. 공장 하나를 폐쇄하면 설비만 사라지는 것이 아니라, 그 현장에서만 전수되던 노하우와 프로세스가 함께 사라진다.

한국 기업들도 조직 통폐합, 구조조정을 쉽게 결정하고 있지만, 그 속에 포함된 20~30년 이상 현장을 지킨 엔지니어들의 축적지식이 어떤 가치를 갖는지를 재평가

해야 한다.

기술과 자본의 시대는 지났고, 이제는 기술과 사람의 시대가 되었다. 한국 중공업이 미래에도 살아남으려면, 현장의 축적된 역량을 지키고 전환할 수 있는 구조를 유지해야 한다.

결론

웨스팅하우스의 실패는 기술이 없어서가 아니라, 기술을 기다리지 못했고, 기술을 지키지 않았기 때문에 발생한 사건이다.

오늘날 한국의 에너지 · 중공업 기업들은, '수익성'이 아닌 '정체성'과 '역량'을 중심으로 전략을 다시 짜야 한다. 금융 논리에 밀려 기술을 포기하면, 나중에 더 비싸게 그 기술을 사야 하는 날이 온다. 웨스팅하우스는 그 경고장을 우리에게 남겼다.

CHAPTER

6

초거대 기업의 분해
: ITT와 복합기업 시대의 종말

거대함은 곧 약점이었다

1960~70년대의 미국 자본주의는 '복합기업(conglomerate)'의 시대였다. 하나의 기업이 수십 개 산업에 걸쳐 계열사를 두고, 시너지를 내는 것이 경영의 미덕처럼 여겨졌다. 그 상징이 바로 ITT (International Telephone & Telegraph)였다.

ITT는 통신, 반도체, 방산, 호텔, 자동차 부품, 보험, 교육 등 거의 모든 분야에 진출한 '초거대 복합체'였다. 1970년대 중반, ITT는 80여 개 국가에서 250여 개 기업을 소유하고 있었고, 한때 미국 전체 GDP의 0.5%를 혼자 차지할 만큼 압도적인 규모였다. 그런데 그 거대함은 1980년대에 들어 오히려 약점이 된다. 시장과 정부는 질문을 던지기 시작했다.

"이 기업은 무엇을 하는 기업인가?", "이 모든 사업을 하나의 이사회가 지배하는 게 과연 효율적인가?"

그리하여 1980년대는 복합기업 해체의 시대, 다시 말해 "크게 나누면 주주가 더 이익을 본다"는 논리가 산업을 지배하던 시기였다.

ITT, 분해의 서막

1979년, CEO에 취임한 랜달 아라스콕(Rand Araskog)은 곧바로 ITT의 '해체'를 시작한다. 그는 창업자 해럴드 지닌(Harold Geneen)의 유산을 비효율로 규정하고, 이른바 "코히런트(일관성 있는) 기업"으로 만들겠다고 선언한다.

그가 택한 방식은 분명했다. 통신 장비 사업 매각, 호텔과 카지노 사업 독립, 교육사업 정리, 보험 부문 분사… 1980년대 내내 ITT는 더 작고 더 수익성 있는 단위로 나뉘어져갔다.

그리고 1995년, 마침내 ITT는 세 개의 회사로 공식 분할된다.

- ITT Corp.: 호텔 · 레저 중심
- ITT Hartford: 보험 부문
- ITT Industries: 방산 · 산업기계 중심

이것은 복합기업 시대의 종말을 알리는 사건이었고, 월가는 환호했다.

"이제 주주는 가치를 더 정확히 평가할 수 있다.", "사업의 본질이 명확해졌다."

하지만 이 과정에서, ITT가 가지고 있던 기술적 자산, 산업 생태계, 장기적 R&D 투자 구조는 거의 모두 무너져버렸다.

통신기술은 유럽으로, 엔지니어는 시장 밖으로

ITT는 1986년, 자사의 통신장비 부문을 프랑스의 알카텔(Alcatel)에 매각한다. 한때 AT&T와 경쟁했던 미국 내 통신장비 시장의 핵심 역량이, 한순간에 유럽 기업의 자산이 된 것이다.

그리고 아이러니하게도, 이 기술은 훗날 알카텔–루슨트를 거쳐 핀란드의 노키아에 인수된다. 미국의 통신장비 기술은, 미국 기업이 아니라 유럽 기업의 계보로 이어지게 된 것이다.

이와 동시에, ITT의 공장 수백 곳이 폐쇄되거나 매각되었고, 수천 명의 엔지니어와 생산직 노동자들이 일자리를 잃었다. 기술은 팔

렸고, 사람은 버려졌고, 브랜드는 해체되었다.

분할이 가져온 '주주가치'는 무엇이었나

분명 주가는 올랐다. 분할된 회사들은 각기 자신들의 분야에 집중했고, 효율성도 개선되었다. 1990년대 말까지 ITT의 세 회사는 비교적 안정적인 수익을 기록했다.

그러나 장기적 관점에서 보면, 미국 산업계는 큰 자산 하나를 잃었다. 대형 인프라 프로젝트를 통합적으로 운영할 수 있는 시스템 설계·통신·제어·방산 복합 기업이라는 모델이 사라진 것이다.

오늘날 같은 스마트시티, 통합국방체계, 복합환경설비 시대에는 그런 기업이 오히려 필요해졌다. 하지만 미국에는 더 이상 그런 기업이 없다.

복합기업은 과연 낡은 모델이었을까? 1980~90년대 미국은 '선택과 집중'의 시기였고, 복합기업은 해체되어야 할 '비효율'의 상징이었다. 하지만 21세기 들어, 중국과 독일은 거대한 복합 제조기업(예: 지리자동차, 지멘스, 화웨이)을 통해 글로벌 공급망을 통합하고, 장기 연구개발을 통해 기술 독립을 강화하고 있다.

그에 비해 미국은 반도체는 인텔, 통신은 시스코, 방산은 록히드, 에너지는 엑슨… 모든 산업이 '전문화'되어 있으나, 서로 협업할 수 있는 통합 산업 플랫폼은 사라졌다. ITT의 해체는 그 상징이었다.

보고서 ITT 해체와 미국 복합기업 전략의 종말
: 금융화 시대 산업 변화 흐름 분석

1. ITT의 역사적 위상과 복합기업 모델의 형성 배경

1920년에 설립된 ITT(International Telephone & Telegraph)는 본래 AT&T의 해외 전화 사업을 분리하여 탄생한 기업으로, 초창기에는 국제 통신 사업을 주력으로 했다latimes.com. 이후 1960~70년대에 이르러 ITT는 미국 산업계의 대표적인 복합기업(콘글로머릿)으로 급성장하였다. 한때 ITT는 미국 기반 산업기업 중 매출 규모 8위에 오르며, 세계 최대의 다국적 복합기업으로까지 불렸다time.com. 이 시기 미국 기업 경영에서 복합기업 전략이 각광받아, 관련이 적은 이종 산업들을 하나의 기업으로 결합해 규모의 경제와 포트폴리오 다각화를 추구하는 것이 유행하는 모델이었다latimes.com. 해럴드 지닌 등 당대 경영자들은 "어떤 사업이든 어디에서든 투자하여 키울 수 있다"는 신념하에 기업을 운영했고, 산하 사업부에는 엄격한 재무 성과 목표를 부여하면서도 높은 주가를 활용한 인수합병으로 외형 성장을 지속하는 방식의 복합기업론을 펼쳤다economist.com. 이러한 배경 아래 ITT는 20세기 중반 미국 제조업을 대표하는 거대 복합기업으로서 위상을 확립하였다.

2. 해럴드 지닌 시대의 성장 전략과 1970년대 전성기

1959년 ITT의 사장 자리에 오른 해럴드 지닌(Harold Geneen)은 공격적인 인수합병 전략으로 ITT를 급속히 팽창시켰다. 지닌 재임 20년 동안 ITT는 문자 그대로 수백 개 기업을 빨아들이며 문어발식 성장을 거듭했다latimes.com. 예를 들어 ITT는 호텔 체인 쉐라톤(Sheraton), 보험사 하트퍼드(Hartford Insurance), 렌터카 기업 에이비스(Avis), 제빵업체 컨티넨탈 베이킹(원더브레드 제조사) 등 서로 연관성이 낮은 사업들까지 손에 넣었다time.comlatimes.com. 그 결과 ITT는 통신 장비에서부터 호텔 · 보험 · 자동차 부품·목재 펄프에 이르는 방대한 산업 포트폴리오를 거느린 초대형 기업집단이 되었다.

이러한 급성장의 바탕에는 지닌 특유의 철저한 관리 통제가 있었다. 회계사 출신답게 그는 전 세계 자회사 경영진에게 소액의 실적까지 보고하도록 했고, 매일 가방 가득한 보고서를 통독하며 모든 사업을 꿰뚫고자 했다time.com. 지닌의 치밀한 경영 아래 ITT의 매출은 1959년 7억 6,500만 달러에서 1970년대 초 73억 달러 수준으로 10배 이상 증가했고, 이익도 3억 3천만 달러를 넘었다time.com. 1970년대 전성기의 ITT는 전 세계 60여 개국에 40만 명에 육박하는 직원을 거느린 거대한 기업 제국으로, 한 경영저술가는 ITT를 아예 하나의 "주권 국가"에 비유하기도 했다time.com. 정치적으로도 영향력이 상당하여, 1970년대 초 미 정부의 반독점 소송을 유리하게 종결짓는 과정에서 불거진 로비 의혹으로 논란을 겪을 만큼('ITT 게이트' 스캔들) 그 위세를 떨쳤다. 이러한 지닌 시대의 ITT는 거침없는 기업 인수와 규모 확장을 통해 복합기업 전략의 성공 신화를 상징했으며, 동시에 방만한 팽창에 따른 부작용의 징후도 내포하고 있었다.

3. 1980~90년대 해체: CEO 랜드 아라스콕의 전략과 사업 분사

1979년 해럴드 지닌의 후계자로 CEO에 오른 랜드 아라스콕(Rand Araskog)은 거대해진 ITT 제국을 유지하기보다 구조 개혁과 슬림화에 무게를 두었다. 취임 당시 ITT는 지닌 시대의 공격적 인수합병 여파로 상당한 부채 부담을 안고 있었고, 기업 조직은 비대해져 있었다latimes.com. 아라스콕은 우선 수익성이 낮거나 본업과 시너지가 약한 사업들을 과감히 정리하는 전략을 펼쳤다. 1980년대 초 ITT는 석유개발 자회사(Eason Oil), 출판사(Bobbs-Merrill), 비료 제조(O.M. Scott) 등 잡다한 부문을 시장에 매물로 내놓았고, 이를 통해 약 17억 달러 규모의 자산(당시 ITT 총자산의 12%)을 처분하는 구조조정을 단행했다time.com. 지닌이 애지중지했던 일부 대표 자산들도 매각 대상이 되었는데, 아라스콕은 호텔 사업의 경우 쉐라톤 지분을 일부 매각하고, 렌터카(에이비스), 제지(레이오니어) 등 여러 사업부를 차례로 팔아 치웠다latimes.com. 1984년까지 ITT는 지닌 시절에 비해 한층 날씬해졌고, 아라스콕은 이렇게 확보한 자금으로 부채를 줄이거나 주주 환원을 모색하는 등 재무 건전성 제고에 주력했다.

한때 아라스콕은 ITT의 방대한 기술역량을 바탕으로 첨단 기술기업으로의 변신을 꿈꾸기도 했다. 지난 말기인 1977년부터 ITT는 10억 달러를 투입한 야심찬 디지털 교환기 '시스템 12(System 12)' 개발을 추진하며 정보통신 분야의 주도권을 노렸지만, 예상보다 개발 난이도가 높고 시장 반응이 저조하여 큰 손실을 봤다en.wikipedia.orgen.wikipedia.org. 결국 아라스콕은 1986년 ITT의 핵심 통신장비 사업부를 프랑스의 알카텔 알스텀(Alcatel Alsthom)에 매각하는 결단을 내렸고, 이로써 ITT는 창립 이래 핵심 기반이던 통신산업에서 사실상 철수하게 되었다en.wikipedia.org. 이후 ITT는 남은 금융사업 부문도 순차적으로 정리하여 하트퍼드 보험(Hartford)을 제외한 금융 자회사를 모두 매각했고, 방위산업·전자부품 등 제조 부문 역시 상당 부분 축소하거나 떼어냈다latimes.com. 이러한 사업 재편의 정점은 1995년의 3대 사업부문 분사 결정이었다. 아라스콕은 1995년 ITT를 아예 세 개의 독립 상장회사로 쪼개겠다고 발표했는데latimes.com, 구체적 내용은 다음과 같다:

- ITT Hartford – 보험 사업 부문. 연 매출 110억 달러 규모로, 이후 사명을 '하트퍼드'로 변경하여 독자 생존latimes.com.
- ITT Industries – 제조 및 방위산업 부문. 자동차 부품, 방위전자, 산업기기를 포함하며, 연 매출 76억 달러 규모latimes.com. 2006년 다시 ITT Corp.로 이름을 복구하여 현재까지 제조기업으로 존속.
- 신 ITT Corporation – 호텔·엔터테인먼트 부문. 쉐라톤 호텔 체인, 시저스월드(Caesars World) 카지노, 뉴욕 매디슨스퀘어가든 지분 등으로 구성되며, 아라스콕 자신이 이 회사를 이끌기로 함latimes.com.

이처럼 ITT는 한때 미국 최대 규모를 자랑하던 복합기업을 스스로 해체하여 3개의 전문기업으로 쪼개는 극적인 선택을 했다. 1995년 분사 이후 "신 ITT"로 남은 호텔/엔터테인먼트 회사도 오래 가지 못하고, 1997년 부동산 기업 스타우드(Starwood)가 ITT 쉐라톤 및 카지노 사업을 인수함으로써 ITT라는 독립기업은 역사 속으로 사라졌다en.wikipedia.org. 1920년대부터 이어져 온 거대 복합기업 ITT의 시대가 이렇게 막을 내리게 된 것이다.

4. 월스트리트와 금융자본의 역할: 단기 수익·주주가치 압력

ITT 해체의 이면에는 1980년대 이후 미국 금융시장의 인식 변화와 주주들의 압박이 크게 작용했다. 1960~70년대에는 무분별해 보이는 인수합병에도 시장이 박수갈채를 보냈지만, 1980년대에 들어 투자자들의 분위기는 급변했다. “하나의 경영진이 잡탕 기업을 성공적으로 이끌 수 없다”는 회의론이 대두되었고, 주식시장에서는 복합기업의 가치를 저평가하는 이른바 ‘콘글로머릿(Conglomerate) 디스카운트’가 만연했다time.com. 실제로 1980년대 중반 상당수 복합기업의 주가가 부진하자, 경영진은 기업 분할이나 자산 매각으로 기업가치를 “부분의 합” 수준으로 끌어올리라는 압력을 받게 되었다time.com. ITT 역시 예외가 아니어서, 1984년 당시 ITT의 연순익은 4억 6,200만 달러로 1980년 피크 시 8억 9,400만 달러에서 하락하는 추세였고, 복합기업 구조에 대한 시장의 실망감이 주가를 짓눌렀다time.com.

1980년대 중반 유명 기업사냥꾼인 어윈 제이콥스(Irwin Jacobs)는 ITT 지분 약 2%를 매집하며 본격적으로 해체 압박을 가했다. 제이콥스는 “ITT의 방만한 본사 운영으로 비효율이 심각하다. 회사를 쪼개야 한다”고 공개적으로 주장했고, ITT 주식이 1주당 32달러 선에 머물던 당시 주주들에게 “회사를 분할하면 주당 60달러까지 받을 수 있다”며 지지를 호소했다time.com. 실제로 월가 애널리스트들도 ITT의 부문별 숨은 가치를 계산하면서, “현재 주가가 기업 분할 시 실현될 가치의 절반 수준에 불과”하다는 평가를 내놓았다. 예컨대 1994년 살로몬브라더스의 제이 코헨 애널리스트는 ITT의 각 사업을 개별 상장하면 합산 가치가 주당 115달러에 달할 것으로 추산하면서, 당시 주가(~$88) 대비 큰 폭의 상승 여력이 있다고 지적했다latimes.com. 그는 “어떻게 주가를 $115로 올릴 것인가? 결국 회사를 쪼개 각 부문을 독립 상장하는 수밖에 없다”고 단언했고, ITT 경영진도 “옵션으로 고려하고 있다”는 입장을 내비칠 정도로 시장의 요구는 거스를 수 없는 흐름이 되었다latimes.com.

아라스콕 경영진은 애초 이러한 외부 압력에 저항하려 했다. 1980년대에만도 ITT는 제이콥스를 비롯해 3차례의 적대적 인수 시도를 격퇴했고, 아라스콕은 1985년 주주총회장에서 제이콥스의 공개 분할 요구를 일축하며 버텼다latimes.com. 그러나 1990년대로 접어들며 대형 연기금 등 기관투자자들이 경영 개입을 본격화하자 상황이 달라졌다. 특히 미국 최대 공적연금인 캘퍼스(CALPERS)는 ITT의 실적 정체에도 불구하고 아라스콕이 1990년에 850만 달러의 거액 보수를 받은 것을 문제 삼으며 주주가치 제고를 강력히 촉구했다time.com. 이 압박에 직면한 아라스콕은 "주주가치 극대화"를 새로운 경영 모토로 받아들여, 마침내 1995년 ITT 분할을 단행하기에 이르렀다time.com. 그해 6월 전격 발표된 3사 분할 계획은 월스트리트의 열렬한 환영을 받았고, 발표 당일 ITT 주가는 6달러 이상 급등하여 $115.50에 거래되었다latimes.com. 이는 앞서 시장이 예상한 분할 후 가치에 부합하는 수준으로, 투자자들은 기다렸다는 듯 즉각적인 수익 실현에 환호한 것이다. 요컨대 월스트리트와 금융자본의 압력이 ITT 해체의 직접적인 방아쇠 역할을 했으며, 이들은 단기 주가 부양과 주주 이익 실현을 위해 기업의 장기적 비전보다는 부분별 매각과 구조조정을 최우선시했다는 분석이 가능하다.

5. 기술 자산의 해외 유출: 통신사업 매각과 고용 붕괴

1986년 ITT가 자사의 통신장비 사업부를 알카텔 알스텀에 매각한 결정은 미국 제조업 기술 자산의 해외 유출을 상징적으로 보여준다. 한때 ITT는 미국 외 지역에서 세계 최대의 전화 교환기 공급업체로 명성을 날렸으나, 시스템 12 개발 실패 등으로 막대한 손실을 입자 통신 장비 부문을 아예 분리해 해외 기업과 합작시키는 길을 택했다. ITT는 유럽 사업을 중심으로 알카텔과 새 합작회사(Alcatel N.V., 네덜란드 법인)를 설립하며 지분 37%를 보유하고 나머지를 알카텔 모회사인 프랑스 CGE 등에 넘겼다en.wikipedia.org. 이 거래로 탄생한 알카텔 N.V.는 당시 AT&T에 이어 세계 2위 규모의 통신장비 기업이 되었고, ITT는 통신산업의 뿌리를 거의 다 넘겨주게 되었다en.wikipedia.org. 이후 ITT는 남은 지분도 1992년 모두 처분하며 전화 사업에서 완전히 손을 떼었다en.wikipedia.org. 이는 미국 기업이 오랜 기간 축적한 교환기 기술과 노하우가 해외 자본으로 이전된 사례로, 금융적 판단이 기술 주권에 미친 영향을 단적으로 보여준다.

기술 자산 매각의 직접적 여파로 미국 내 관련 고용과 연구기반은 크게 위축되었다. ITT는 1986년 자국 내 첨단 디지털 교환기 개발사업을 철수하면서 노스캐롤라이나주 롤리 등의 연구소를 폐쇄하고 미국인 기술자 약 1,600명을 해고했다(롤리 지역 1,200명 포함)latimes.com. 또한 통신장비의 생산 거점도 유럽으로 옮겨가거나 축소되면서 미국 내 제조 일자리가 사라졌다. ITT로부터 통신 사업을 인계받은 알카텔은 이후 벨 연구소로 유명한 미 루슨트(Lucent Technologies, AT&T에서 분사한 통신기업)와 2006년 합병하여 알카텔-루슨트를 출범시켰고 en.wikipedia.org, 2016년에는 핀란드의 노키아가 알카텔-루슨트를 인수하면서 미국의 통신 장비 기술 계보는 유럽 기업들의 손을 거쳐 핀란드로 넘어간 셈이 되었다en.wikipedia.org. ITT가 한때 보유했던 전자교환기 기술 및 인력은 이러한 국제 합종연횡 속에 미국 밖에서 새로운 생명을 이어갔지만, 미국 산업에는 기술 공백과 숙련인력 상실이 남았다. 이처럼 단기 수익과 구조조정 논리에 따라 핵심 기술 자산이 해외로 유출된 ITT 사례는, 금융화 시대에 미국 제조업 경쟁력이 어떻게 약화될 수 있는지를 극명하게 보여주는 사례로 평가된다.

6. 복합기업 모델의 재평가: 스마트시티 시대의 통합 가능성

한때 시대에 뒤처진 공룡으로 평가절하되었던 복합기업 모델에 대해 21세기 들어 재평가의 움직임도 나타나고 있다. 특히 디지털 기술의 발전과 함께 부각된 스마트시티 산업에서는 도시 단위의 복잡한 문제 해결을 위해 여러 이종 분야의 통합적 접근이 필수적이다. 스마트시티 솔루션을 구현하려면 교통, 에너지, 통신, 공공서비스 등 다양한 인프라와 데이터 시스템을 연계해야 하는데, 이에 참여하는 주요 파트너들은 공공 부문, 제조업, 통신, IT 등 여러 산업 분야에 걸쳐 분포하는 것이 일반적이다blog.equinix.com. 다시 말해 한 기업의 역량만으로는 스마트시티 구축에 필요한 모든 기술과 서비스를 제공하기 어렵고, 여러 업종 기업 간의 생태계적 협력이 요구된다. 이러한 현실은 역설적으로, 과거 복합기업이 지향했던 다각화된 사업 포트폴리오의 장점을 다시금 상기시키고 있다. 한 조직 내에 서로 다른 기술과 인프라를 두고 시스템 통합형 솔루션을 제공할 수 있다면, 스마트시티와 같은 통합 시스템 사업에서 유리할 수 있기 때문이다.

실제로 해외 신흥시장에서는 복합기업식 대기업들이 여전히 건재하며, 오히려 미국보다 이런 그룹들이 두각을 나타내고 있다. 맥킨지 조사에 따르면 인도, 한국, 중국 등 신흥국에서는 상위 50대 기업 중 상당수가 다양한 업종을 아우르는 대기업집단이며, 2000년대 이후 매출 성장률도 연 10~20% 이상으로 매우 높았다hbr.org. 이들 기업은 제조업부터 ICT까지 폭넓은 사업 역량을 활용해 대규모 인프라 사업이나 스마트시티 프로젝트에 적극 참여하고 있다. 예를 들어 미국에서는 한때 해체된 복합기업 모델과 유사한 역할을 글로벌 기업 연합이나 파트너십이 대신하지만, 한국의 삼성, 독일의 지멘스, 일본의 히타치 등 다각화 기업들은 그룹 내 여러 계열사 협업으로 도시 통합 솔루션을 제공하는 시도를 하고 있다. 미국에서도 Honeywell과 같은 기업이 도시 건물관리, 보안, 에너지 시스템을 포괄하는 스마트시티 플랫폼을 개발하여 전 세계 70여 개 도시에서 통합 운영 시스템을 구축하는 등 활약하고 있다buildings.honeywell.com. 다시 말해, 복합기업이 아니더라도 대기업의 사업다각화를 통해 스마트시티 분야에서 종합 솔루션을 공급하는 사례가 늘고 있으며, 이는 복합기업 모델의 잠재적 가치를 시사한다.

물론 현대의 복합기업 부활론이 과거로의 회귀를 뜻하는 것은 아니다. 오히려 스마트시티와 같은 영역에서는 기업 간 컨소시엄, 산학연 협력, 공공-민간 파트너십 등 유연한 협업 모델이 주요하게 논의된다hbr.orgblog.equinix.com. 그러나 ITT 해체 사례를 돌아볼 때 얻을 수 있는 교훈은, 단기적 금융 논리에 의해 산업의 장기적 통합역량을 쉽게 포기해서는 안 된다는 점이다. 미국 제조업이 20세기 중반 구축했던 폭넓은 기술 기반이 1980~90년대의 금융화 물결 속에 상당 부분 와해되었고, 그 반작용으로 21세기에 새로운 통합의 필요성을 느끼고 있다는 평가는 시사하는 바가 크다. 앞으로 스마트시티와 같은 융복합 산업에서 미국이 주도권을 잡기 위해서는 과거 ITT와 같은 시스템 통합 능력을 어떻게 재구성할지 고민해야 한다는 지적이 나온다. 궁극적으로 ITT의 흥망은 복합기업 전략의 명암을 극적으로 보여주며, 금융자본주의 시대에 한 국가의 제조업 전략이 나아갈 방향에 대해 중요한 시사를 던지고 있다. ITT 해체를 통해 얻은 뼈아픈 경험 – 즉 주주가치 극대화와 단기 실적 추구가 장기 산업 경쟁력을 희생시킬 수 있음을 기억하며, 산업 정책과 기업 전략의 균형을 모색해야 할 것이다.

칼럼 ITT는 어떻게 했으면 살아남을 수 있었을까?

복합기업 해체 시대에 기술기업이 지켜야 할 것들

1980~90년대, 미국 자본시장은 한 가지 신념에 사로잡혀 있었다. “기업은 작을수록 효율적이다.” 불필요한 부문은 떼어내고, 핵심 역량에만 집중해야 주주가치가 극대화된다는 논리였다. 그리고 그 신념은 ‘초거대 복합기업’ ITT의 해체를 정당화했다. 보험은 Hartford로, 호텔은 신 ITT로, 산업기계는 ITT Industries로 각각 나뉘었고, 통신장비 부문은 아예 유럽 기업에 팔려나갔다. 하지만 그로부터 30년이 지난 지금, 우리는 다시 묻고 있다.

“그 분할은 옳았는가?”, “ITT는 정말 그렇게 무너질 수밖에 없었는가?”

결론부터 말하면, ITT는 분할 압력에 대응하면서도 생존할 수 있는 다른 길이 있었다. 그리고 그 대안은 지금도 복합 제조기업과 기술집약적 중견기업들에게 유효한 교훈이 될 수 있다.

1. 사업 포트폴리오를 ‘축소’하는 것이 아니라, ‘재조직’했어야 한다

문제는 사업 영역이 넓다는 사실 그 자체가 아니었다. 문제는 서로 연결되지 않은 채, 제각기 다른 전략 · 조직 · 문화로 운영되고 있었던 것이다.

ITT가 정말로 복합 기업으로 살아남으려 했다면,

- 통신장비 + 산업제어 + 방산 + 스마트 인프라 분야를 하나의 기술 집단(cluster)으로 통합하고,
- 호텔 · 보험 등 비핵심 소비재 사업은 자회사화하거나 지분 분리하는 방식으로 대응했어야 한다.

즉, “이익률 중심의 비즈니스 정리”가 아니라, “기술·조달·생산 역량의 중심축 유지”라는 관점에서 재편했어야 한다. 분할은 주가에는 유리했지만, 산업 생태계에는 불리했다.

기업이 금융 논리에 따라 사업을 해체하면, 기술의 연계성과 조직의 축적은 한순간에 사라진다.

2. 통신·전자 부문은 '국가 전략 기술'로 포지셔닝했어야 한다

ITT는 1986년 통신장비 부문을 프랑스의 알카텔에 매각했다. 이 기술은 훗날 노키아로 이어지며, 미국은 자국 내 네트워크 장비 제조 역량을 거의 상실하게 된다. 그러나 만약 ITT가 다음과 같이 대응했다면 어땠을까?

- "이 기술은 민간뿐 아니라 군사·국가안보 인프라에도 핵심적이다"라는 논리를 내세워,
- 정부와 협력해 통신 부문을 전략 산업으로 분류, R&D 지원을 유도하고,
- 경쟁력 강화와 기술 내재화를 조건으로 통신사업 부문의 분사를 '내부 유지형 자회사'로 전환했더라면?

당시 미 정부는 냉전 체제 아래에서 방산·통신 분야에 민감했기 때문에, '공공재 기능이 있는 기술'로 자리매김만 했다면 정책적 지원을 받을 여지가 충분했다.

GE는 항공엔진 부문을 국가산업과 연계하며 생존했고, 보잉도 방산과 민간기체의 균형으로 복합기업 구조를 유지했다. ITT는 그 선택을 하지 않았다.

3. 분할 논리의 반격: '통합 가치'를 정량화했어야 한다

월가의 복합기업 분할 논리를 뒤집기 위해서는, 복합구조가 창출하는 가치와 시너지를 수치화했어야 한다. 예를 들어,

- 복합기술을 활용한 통합 수주(방산 + 통신 + 전력 인프라),
- 부문 간 R&D 공유와 기술 융합,
- 자금조달과 외환 리스크 분산 효과 등

'큰 기업이기 때문에 가능한 경제적 가치'를 객관적으로 증명했더라면 단순한 "비효율 덩어리"라는 비판에 대항할 수 있었다.

하지만 ITT는 주주와 시장의 요구를 수동적으로 수용했고, 분할을 '방어'하거나 '재정의'하기보다, 그대로 '수용'해버리는 전략을 택했다. 그 결과, 주가는 올랐지만 미국 산업은 하나의 통합기술 플랫폼을 잃었다.

4. "선택과 집중"은 살아남는 방식이 아니라, 줄어드는 방식일 수 있다

당시 ITT의 해체는 '선택과 집중'의 교과서처럼 포장되었다. 하지만 그 선택의 끝은 자산 매각과 브랜드 유지뿐인 산업적 축소였고, 집중의 결과는 기술 다양성과 융합 가능성의 상실이었다.

오늘날 기술 기반 제조기업은 오히려 복합성과 융합성이 경쟁력이 되는 시대를 맞고 있다.

- 자동차 + 배터리 + 반도체 + 소프트웨어
- 방산 + 통신 + 위성 + AI
- 에너지 + 탄소 포집 + 스마트그리드

이런 '융합 복합기술 시대'에는, 과거와 같은 '낡은 분할 논리'보다 산업 생태계 전체를 조율할 수 있는 시스템 기업(system integrator)이 오히려 더 필요하다. ITT는 그런 기업이 될 수 있었지만, 스스로 그 길을 버렸다.

결론

ITT는 단지 하나의 복합기업이 아니었다. 그것은 20세기 미국 제조업의 기술적 상징이자, 산업 통합 역량의 집약체였다. 하지만 단기 주주이익, 금융논리 중심의 시장 압력, 내부 혁신의 부재로 그 기업은 해체되었고, 그 기술은 해외로 흘러갔으며, 그 사람들은 산업 밖으로 밀려났다.

ITT는 살아남을 수 있었다. 단지 그 길을 택하지 않았을 뿐이다. 이 교훈은, 오늘날 다시 복합화되어 가는 글로벌 제조 패권 경쟁 속에서 한국의 복합 제조기업들(예: 한화, 현대중공업, 두산, SK그룹 제조 계열사 등)이 반드시 새겨야 할 이야기다.

분석 한국 복합 제조기업에 ITT 해체가 주는 다섯 가지 교훈

ITT는 20세기 미국의 가장 상징적인 복합기업이었다. 통신, 방산, 산업기계, 보험, 호텔, 교육까지 아우르던 거대한 기술제국은 1990년대에 접어들며 '비효율'이라는 이름 아래 분해되었고, 그 결과 미국은 하나의 전략기술 통합 플랫폼을 잃었다.

이 사례는 지금의 한국 복합 제조기업들에도 분명한 메시지를 전한다. "복합"은 효율을 저해하는 구조가 아니라, 전략적 조건 아래서 경쟁력의 원천이 될 수 있다. 그것을 어떻게 조직하고 설명하느냐에 따라 생존과 해체의 운명이 갈릴 수 있다.

다음은 한국 기업들이 ITT 사례에서 배워야 할 다섯 가지 교훈이다.

1. 단순 구조조정보다 '기술·시장 통합력'을 중심으로 판단하라

ITT의 분해는 '주력 사업'에 집중하기 위한 조치였지만, 그 과정에서 통신 · 제어 · 방산을 통합하던 융합 기술 기반이 해체되었다.

오늘날 한국의 한화에어로스페이스나 현대중공업은 방산, 우주, 조선, 에너지 등 복합적인 산업군을 다루고 있다. 이 기업들이 단순히 수익률이 낮은 사업을 정리하는 방식으로 전략을 짤 경우, 전체 시스템을 설계할 수 있는 산업통합 역량을 스스로 약화시킬 위험이 있다.

☞ 기술 · 시장 · 정책을 연결하는 플랫폼 기업이라는 관점에서 구조조정을 설계하라.

2. 복합구조의 '논리'를 사전에 수립하고, 외부에 설명할 수 있어야 한다

ITT는 주주가치 논리에 밀려 분할 요구를 당했지만, 그 내부에서 복합 구조가 왜 필요한지에 대한 서사와 데이터가 부족했다.

한국의 복합 제조기업들 역시 외부 압력(지배구조 개선 요구, 자본 효율성 논리, 단기 ROE 개선 등)을 받을 가능성이 높다. 이때 복합구조의 시너지, 기술 융합 효과, 전략산업 연계성을 정량화해 설명할 수 있어야 불필요한 분할이나 조각매각의 압력에 대응할 수 있다.

☞ 복합구조의 전략적 가치를 수치화하고, 정기적으로 외부에 설명하는 체계를 갖춰야 한다.

3. 정책 환경과 국가 전략과의 정렬이 핵심이다

ITT는 통신기술을 '민간사업'으로 처리했고, 결국 해외에 기술을 넘겼다. 반면 같은 시기 미국 정부는 GE와 보잉의 방산·항공 부문에 전략적으로 개입하며 기술 보호와 지원을 병행했다.

한국도 방산, 우주, 반도체, 원전 등 전략기술 부문을 보유한 복합기업들이 있다. 이 부문이 단지 수익이 낮다는 이유로 정리될 경우, 국가 기술안보와 산업자주권에 치명적 공백이 생길 수 있다.

☞ 정부와의 전략적 연계를 강화하고, '기술의 공공재적 성격'을 구조적으로 설계하라.

4. 복합기술 인재와 조직의 '내부 생태계'를 보호하라

ITT는 기술보다 먼저 인재와 조직을 해체했다. 기술은 매각되었지만, 기술을 만드는 사람들과 그 축적 시스템은 회복되지 않았다.

한국 기업들은 전기, 소재, 조선, 반도체 등에서 복합적 R&D 인재 풀을 보유하고 있지만, 구조조정, 외주화, 계약직화 등이 계속되면 지식의 단절이 발생한다.

☞ 내부 기술인력의 통합적 커리어 구조와 장기 축적 경로를 제도화해야 한다.

☞ 사내 기술 융합 프로젝트를 통해 복합조직 내 순환과 협업을 강화하라.

5. 복합기업의 미래는 '기술 통합 플랫폼'이라는 정체성 안에 있다

오늘날 복합 제조기업이 생존할 수 있는 이유는 단순히 크기 때문이 아니다. 그들은 산업 간의 경계를 허물고 기술을 통합하여, 새로운 산업 질서를 설계할 수 있기 때문이다. 예를 들어,

- 한화는 우주발사체 + 위성통신 + 방산 + 에너지
- 두산은 수소터빈 + SMR + 디지털발전소 + 협동로봇
- SK온/하이닉스는 배터리 + 반도체 + 전력망 데이터
- HD현대는 조선 + 해양에너지 + 친환경추진 + 로봇자동화

이런 복합 구조는 '비효율'이 아니라, 오히려 '플랫폼 전략'의 시작점이다.

☞ 복합기업은 기술 융합을 주도하는 '산업 건축가'가 되어야 한다.

☞ 기술을 해체하지 말고, 기술을 통합해 시장을 재구성하라.

결론

ITT는 '분할은 곧 효율'이라는 압력에 굴복했고, 그 결과 미국 산업은 하나의 통합 기술 플랫폼을 잃었다.

오늘날 한국의 복합 제조기업들은 유사한 압력을 받고 있지만, 그들은 ITT보다 더 강한 기술, 더 정교한 시장, 더 긴 안목을 갖고 있다. 남의 손으로 설계된 해체가 아니라, 자기 손으로 설계한 진화를 선택할 때, 복합기업은 다시 국가 산업의 중심이 될 수 있다.

CHAPTER 7

트랙터는 왜 미국을 떠났나 : 인터내셔널 하버스터의 몰락

농기계 왕국의 무너진 심장

한때 인터내셔널 하버스터(International Harvester, 이하 IH)는 미국 농업의 동력 그 자체였다. 1800년대 후반에 설립된 이 기업은 트랙터, 콤바인, 트럭, 디젤엔진에 이르기까지 농업기계화의 선봉이었다. 20세기 중반까지 IH는 전 세계에서 두 번째로 큰 농기계 제조사였고, 미국 중서부를 중심으로 수천 개의 딜러망과 공장을 운영하며 미국식 대농업 모델의 상징으로 자리잡았다. 그러나 1980년대, IH는 몰락한다.

농기계 사업을 통째로 매각하고, 트럭 사업만 남긴 채 사명을 바꾸고, 산업의 중심에서 사라졌다. 이 장에서는 IH의 해체가 미국 농업과 제조업에 어떤 파장을 남겼는지를 살펴본다.

고금리와 수요 붕괴, 시작은 외부 충격이었다

1979년, 미국 연방준비제도(Fed)는 인플레이션 억제를 위해 기준금리를 급격히 인상했다. 이른바 '볼커 쇼크'로 불리는 이 조치는 금융시장 안정에는 도움이 되었지만, 농민들에게는 대출이자 부담을 폭증시키는 재앙이었다.

당시 대부분의 농민은 대출을 통해 트랙터, 콤바인 같은 대형 농기계를 구입했고, 금리가 두 자릿수를 넘기자 수요가 급격히 위축되었다. IH는 이에 직격탄을 맞는다. 1980년부터 매출은 급감했고, 농민 파산과 함께 농기계 재고는 눈덩이처럼 불어났다. 그런데 문제는 단순한 경기침체가 아니었다. IH 내부에는 더 심각한 구조적 병이 숨어 있었다.

172일간의 파업, 노동과 자본의 격돌

1980년, IH는 비용 절감을 위해 노동조합과 임금·복지 협상을 벌이던 중 전미자동차노조(UAW)와의 협상이 결렬된다. 그 결과, 172일간 이어진 대규모 파업이 벌어졌고, 이는 당시 미국 산업 역사상 가장 긴 파업 중 하나로 기록된다.

생산 차질은 눈덩이처럼 불어났고, 수익성은 이미 바닥을 찍은 상태에서 파업 손실까지 더해져 1981년 단일 회계연도에만 약 10억 달러의 손실을 기록한다. 당시 CEO 레드먼(R.J. Redman)은 파업 직후 인터뷰에서 이렇게 말했다.

"우리는 내부와 외부, 양쪽에서 동시에 붕괴를 겪었다."

그의 말처럼, IH는 고금리로 인한 외부 수요 붕괴와 노사관계 악화로 인한 내부 생산마비가 겹치며 생존을 위한 선택을 강요받는다.

자산 매각, 그러나 기업은 살아남지 못했다

1982년부터 IH는 대규모 구조조정에 들어간다. 수익성이 낮은 부서를 정리하고, 트랙터 외 자동차 부문 일부를 정리하며, 본사 인력과 공장 수를 절반 이하로 줄인다.

그러나 수익은 돌아오지 않았다. 결국 1984년, IH는 결단을 내린다. 가장 핵심이자 역사 그 자체였던 농기계 부문을 경쟁사 J.I.

Case(케이스)에 매각하기로 한 것이다.

이 매각은 상징적 의미가 컸다. IH는 'Farmall'이라는 이름으로 수십 년간 트랙터를 생산해 왔고, 미국 농업의 기계화를 이끈 기술은 이 브랜드에 집약되어 있었다. 그러나 그 자산은 팔려 나갔고, IH는 사명을 Navistar International로 바꾸며 트럭 전문기업으로 재편된다.

브랜드는 남고, 공장은 사라지다

IH의 농기계 부문을 인수한 케이스는 이후 CNH(Case New Holland)로 성장하지만, IH의 전통 공장과 조직은 대부분 정리 또는 폐쇄되었다. 락아일랜드(Rock Island), 이스트몰린(East Moline) 등 한때 IH 트랙터가 생산되던 지역은 수천 명의 일자리를 잃고 '유령 도시'로 전락했다.

'Farmall'이라는 브랜드는 CNH의 제품 라인업에 일부 살아남았지만, 그 기술과 생산은 더 이상 미국에서 이루어지지 않았다. 기술은 남았지만, 기업은 없었고, 고용은 사라졌고, 지역은 무너졌다.

농기계는 끝났을까?

흥미롭게도 IH 해체 이후에도 세계 농기계 시장은 계속 성장했다. 존디어(John Deere), CNH, 쿠보타(Kubota), AGCO 등 글로벌 기업들은 GPS 기반 정밀농업, 무인 트랙터, 친환경 연료 트랙터 등으로 사업을 확장했다.

IH가 없어서 시장이 사라진 것이 아니라, IH가 사라졌기 때문에 미국의 산업 기반이 약해진 것이다. 기술력은 있었고, 브랜드는 강력했지만, IH는 그 모든 것을 단기 손실 회피와 노사 갈등의 비용으로 매도했고, 그 대가는 지역사회의 해체와 산업 생태계의 붕괴로 이어졌다.

보고서 인터내셔널 하베스터(IH)의 몰락 과정 분석

IH의 역사적 위상과 미국 농기계 산업의 중심 역할

인터내셔널 하베스터(International Harvester, IH)는 한때 미국 농기계 산업의 대명사로 불릴 정도로 막강한 위상을 누렸다. 1902년 사이러스 맥코믹 주니어가 맥코믹 수확기 회사와 디어링 등 경쟁사를 합병해 IH를 설립한 당시, 미국 농기계 시장의 85%를 장악했고 1910년경에는 미국 4대 기업 중 하나로 성장했다 brand.international.com. 이 회사는 기계식 수확기(리퍼)부터 세계 최초의 근대적 트랙터인 파몰(Farmall) 시리즈까지 혁신적인 농기계를 선보이며 미국 농업의 기계화를 선도했다dieselworldmag.comdieselworldmag.com. 특히 1924년 도입된 파몰 트랙터는 다양한 농작업을 한 대의 기계로 수행할 수 있게 하여 농업 생산성을 획기적으로 높였고, 경쟁사들이 앞다투어 이를 모방할 정도로 큰 영향을 미쳤다.

IH는 20세기 중반까지 트랙터, 콤바인, 트럭 등 다방면으로 사업을 확장하며 세계 곳곳에 생산공장을 세웠고, 전 세계 농부들에게 필수적인 기계를 공급했다 velocityrestorations.com. 제2차 세계대전 중에는 군용 트럭과 장비를 생산하며 미국의 전쟁 노력에도 기여했고, 전후에는 귀향한 군인들과 성장하는 경제 덕에 농기계 수요가 폭발하면서 IH의 트랙터와 콤바인이 미국 농장의 풍경을 지배했다. 1970년대까지 IH는 미국 농기계 시장에서 존디어(John Deere)와 쌍벽을 이루는 거대 기업으로 군림했으며, 1984년까지 IH가 생산한 트랙터만 500만 대가 넘을 정도로 엄청난 규모를 자랑했다m.farms.com. 이러한 역사적 배경 때문에 IH는 단순한 기업을 넘어 미국 농업 역사의 중심에 있었고, "미국 농부의 동반자"로 불리며 지역 사회와 긴밀히 연결된 상징적인 존재였다.

1979년 '볼커 쇼크'와 고금리로 인한 수요 붕괴

1970년대 후반까지 이어진 농업 호황은 1979년 미 연준 의장에 취임한 폴 볼커의 강력한 긴축 통화정책, 이른바 '볼커 쇼크'로 급작스럽게 막을 내렸다. 볼커는 치솟는 인플레이션을 잡기 위해 금리를 대폭 인상했는데, 1980년 말 연준 기준금리는 사상 최고 수준인 21.5%까지 치솟았다wsws.org. 그 여파로 농가들은 폭등한 이자 부담을 견디지 못했고, 1978년부터 1984년 사이 미국 농가 부채는 두 배로 늘어나 버렸다wsws.org. 설상가상으로 1980년 미국 정부의 대소곡물 금수조치(소련에 대한 농산물 수출금지 조치)로 곡물 가격이 폭락하고, 1980년대 레이건 행정부는 농산물 가격지지 정책마저 축소하여 농민들의 수입은 더욱 악화되었다wsws.org.

농촌 경제가 한순간에 붕괴하면서 농기계에 대한 수요도 급감했다. 1970년대 후반 사상 최고치를 기록했던 미국 농기계 판매는 1986년경에는 1979년의 절반 수준으로 추락했고, 그 하락 속도와 깊이는 1930년대 대공황 이후 가장 급격한 것이었다wsws.orgwsws.org. 금리 인상으로 자금 조달이 어려워진 농가들이 새 트랙터나 콤바인을 구입하지 못하면서, IH를 비롯한 제조사들은 완성된 기계를 야적장에 산더미처럼 쌓아둔 채 팔지 못하는 상황에 처했다. 결국 고금리와 농산물 가격 폭락이 부른 1980년대 농장 위기(farm crisis)는 IH의 주요 시장을 붕괴시켜 회사의 수익 기반을 흔들었고, 이는 몰락의 서막이 되었다.

1980년대 파업과 노사갈등이 생산 마비에 미친 영향

외부 시장의 급격한 위축과 더불어, IH 내부에서도 치명적인 위기가 찾아왔다. 1979년 말부터 1980년 초까지 이어진 전면 파업은 IH 역사상 최악의 노사갈등으로 기록된다. 1979년 11월 1일, 경영진이 당시 CEO였던 아치 맥카델에게 거액의 보너스를 안겨주자 불만이 높아진 노조(UAW)가 전면 파업에 돌입했고, 약 35,000명의 노동자가 공장을 떠나 172일간 조업이 중단되었다latimes.com en.wikipedia.org. 이 5개월 이상 이어진 장기 파업으로 IH는 막대한 생산 차질과 매출 손실을 입었는데, 그 비용은 직접적인 손실만 약 6억 달러(2024년 가치로 26억 달러 상당)에 달했다en.wikipedia.org.

생산이 반 년 가까이 마비되면서 IH는 핵심 제품인 트랙터와 트럭을 적기에 공급하지 못해 시장 신뢰를 잃었고, 경쟁사들에게 중요한 점유율을 빼앗겼다. 파업 기간 동안 재고는 쌓여갔지만 판매는 거의 멈추다시피 했으며, 파업이 끝나고 공장을 재가동하려 해도 숙련된 노동자들이 대거 이탈하거나 사기가 떨어져 정상화에 오랜

시간이 걸렸다. 실제로 파업 종료 후 IH의 락아일랜드와 이스트몰린 공장 등은 가동 재개에 수 주씩 걸릴 정도로 후유증이 컸다upi.com. 이처럼 노사 갈등은 IH의 생산 기반과 재무건전성에 치명타를 입혔다. 파업 이전 1979년에 약 4억 달러로 사상 최대의 흑자를 냈던 IH는 파업 이후 급속히 적자로 돌아섰고, 노사 관계의 악화로 내부 조직력과 사기는 바닥으로 떨어졌다latimes.com. 1980년대 초반 미국 경제가 경기후퇴(Recession) 국면에 접어들자 IH의 위기는 더욱 심화되었고, 1982년에는 누적된 손실로 경영진이 교체될 정도로 회사의 존립이 위태로워졌다.

구조조정과 농기계 부문 매각 결정의 배경과 의미

1980년대에 접어들며 IH 경영진은 급격한 구조조정 없이는 생존이 어렵다는 판단을 내렸다. 1982년 취임한 새 최고경영자(Louis W. Menk)는 20개월에 걸친 대대적인 조직 개편을 추진하여, 수익성이 낮은 사업부를 정리하고 생산설비를 축소하는 긴축 조치를 단행했다en.wikipedia.org. 우선 불황에 빠진 건설장비 사업부를 1982년 드레서 인더스트리(Dresser Industries)에 매각했고, 인건비 절감을 위해 공장 가동률을 낮추며 인력을 감축했다en.wikipedia.org. 그럼에도 불구하고 농기계 부문의 지속적인 적자로 회사 재무는 악화일로였고, 결국 IH는 창사 이후 처음으로 본업인 농기계 사업을 포기하는 극단적 결정을 내리기에 이른다. 1984년 11월, IH는 트랙터와 콤바인 등을 담당하던 농업기계 부문을 테네코(Tenneco)에 매각하기로 합의했고, 이듬해 1985년 초에 케이스-아이에이치(Case IH)라는 새로운 법인으로 통합되었다en.wikipedia.orgdieselworldmag.com.

IH가 150년 가까이 이어온 농기계 사업을 남에게 넘긴다는 소식은 산업계에 큰 충격을 주었다. IH 스스로도 창립자의 발명품인 기계식 수확기와 트랙터로 성장해온 기업인 만큼 "심장을 도려내는" 결단이라는 뼈아픈 평가가 나왔다washingtonpost.com. 그러나 5년 연속 적자누적과 부채 증가로 파산 위기까지 거론되던 당시 상황에서, 농기계 부문 매각은 회사를 살리기 위한 불가피한 선택으로 받아들여졌다dieselworldmag.com. 이 거래로 IH는 약간의 현금을 확보하고 부채 부담을 덜 수 있었지만, 대가로 자신들의 이름과 전통을 상실해야 했다. 테네코 측에 "International Harvester" 상표권까지 넘겨주면서, 남은 트럭·엔진 부문은

1986년 사명을 나비스타(Navistar)로 변경하여 완전히 다른 회사로 거듭났다en.wikipedia.orgen.wikipedia.org. 농기계 부문 매각은 미국 농업기계 산업 구조조정의 신호탄이 되었고, 한 시대를 풍미한 거대 제조업체 IH의 역사적 퇴장을 의미했다.

월스트리트의 단기 이익 압박과 금융자본의 효율성 논리 : 농기계 대신 트럭에 집중한 재편 전략

IH 농기계 부문 매각의 이면에는 월스트리트 금융자본의 단기 성과 압박과 "효율성" 논리가 자리잡고 있었다. 1980년대에 들어 기업 경영의 최우선 순위가 주주가치 극대화와 분기별 실적 개선으로 급격히 이동하면서, IH도 예외 없이 즉각적인 수익성 회복을 요구받았다. 당시 IH의 사업 포트폴리오를 살펴보면, 트럭·엔진 부문은 흑자를 내고 있었던 반면, 농기계 부문은 막대한 적자를 내고 있어 전체적으로 간신히 손익분기점을 맞추는 상황이었다washingtonpost.com. 경영진과 투자자들의 눈에는 주기적으로 침체를 겪는 농기계 산업을 붙들고 있기보다, 상대적으로 수익성이 안정적인 트럭 사업에 집중하는 편이 재무 구조 개선에 유리해 보였다. 더욱이 농기계 산업 전반이 과잉설비와 수요 침체로 어려움을 겪자 "업계 통폐합을 통한 효율성 제고"가 금융권 애널리스트들의 단골 조언이 되었다. 실제로 IH 회장 돈 런녹스(Donald Lennox)조차 "과잉설비를 줄이기 위해 업계 간 결합(marriages)이 불가피하다"는 입장을 밝힐 정도로, 생산능력 축소와 기업 결합은 월스트리트가 환영하는 해결책이었다washingtonpost.com.

이러한 압박 속에서 IH는 농기계 부문을 정리하여 단기 재무구조를 개선하는 대가로 장기 성장동력을 포기하는 결단을 내렸다. 투자자들은 적자 사업을 과감히 잘라낸 결단에 일시적으로 환호했을지 모르나, 결과적으로 이는 미국 제조업의 기반 약화를 가져왔다. IH의 사례에서 보듯, 1980년대 기업들은 눈앞의 주가와 재무지표 개선을 위해 전통적인 제조 역량을 매각하거나 해체했는데, 이러한 금융화 시대의 경영 전략은 기업의 장기 경쟁력을 희생시키고 지역 사회에 고통을 전가하는 측면이 있었다ysu.edu. IH는 농기계 부문을 매각한 덕분에 트럭 전문 기업으로서 한때 재기에 성공했지만(나비스타는 이후 중·대형트럭 분야에서 살아남아 2020년에

폭스바겐에 인수됨), 미국은 그 대가로 자국 농기계 산업의 한 축을 잃어버린 것이나 다름없었다. 월스트리트의 논리에 따른 효율화 전략은 기업 분할과 구조조정을 통해 단기 수익은 개선했을지 몰라도, 남겨진 공장 노동자들과 지역사회는 일자리 상실과 경제 기반 붕괴라는 대가를 치러야 했다.

공장 폐쇄와 지역사회 붕괴: 락아일랜드·이스트몰린 사례

락아일랜드와 이스트몰린은 IH 몰락 과정에서 특히 큰 타격을 받은 지역 사회이다. 일리노이주 락아일랜드(Rock Island)에는 IH의 대표적 트랙터 공장인 파몰 플랜트(Farmall Plant)가 위치해 있었는데, 1926년 가동을 시작한 이 공장은 수십 년간 "트랙터의 도시"로 불릴 만큼 지역 경제의 중심이었다. 그러나 농기계 부문 매각 직후 생산조정이 이뤄지면서 1985년 5월 14일 IH 파몰 공장에서 마지막 트랙터 한 대가 출고된 것을 끝으로 공장이 문을 닫았다[m.farms.com]. 전성기 시절 수천 명을 고용했던 이 공장의 폐쇄로 1,500명 이상의 노동자가 일자리를 잃었고, 60년에 걸친 제조업 역사가 일순간에 막을 내렸다[upi.com]. 공장 폐쇄는 곧 지역 경제의 몰락

으로 이어졌다. 오랫동안 IH에 부품을 납품하던 수많은 하청업체가 줄줄이 무너졌고, 근로자들의 실직으로 소비가 위축되자 주변 소매 상권과 부동산 가격도 급락했다. 한때 미국 농기계 산업의 심장부로 번영했던 일리노이 쿼드시티(Quad Cities) 지역은 5년 만에 제조업 일자리의 30%가 증발하며 급속한 공동화 현상을 겪었다 wsws.org. 폐쇄된 파몰 공장 부지는 황폐해져서, 훗날 지역 박물관에 마지막 출고 트랙터(IH 5488 모델)가 전시되어 옛 영광을 증언할 뿐이었다.

인근의 이스트몰린(East Moline) 공장도 비슷한 운명을 겪었다. 이곳은 IH가 1930년대부터 콤바인과 수확기를 만들던 주력 공장이었고, 전성기에는 3교대로 4,300명을 고용해 하루 40~50대의 콤바인을 쏟아낼 정도로 활황을 누렸다 thefreelibrary.com. 1985년 IH의 농기계 사업이 테네코로 넘어가면서 이 공장도 케이스-IH로 소유가 변경되었지만, 다행히 IH의 축적기술인 축류형(Axial-Flow) 콤바인 생산이 이어져 한동안 가동을 유지했다en.wikipedia.orgthefreelibrary.com. 그러나 글로벌 자본의 논리는 결국 이곳도 놓아두지 않았다. 1999년 경영권이 다시 뉴홀랜드와 합쳐진 CNH 글로벌은 시설 통폐합과 인건비 절감을 이유로 들며, 2004년 이스트몰린 공장을 폐쇄하고 콤바인 생산을 네브래스카주의 최신식 비노조 공장으로 이전해버렸다thefreelibrary.com. 이 결정으로 2004년 8월에 마지막 붉은 대형 콤바인 한 대가 조립된 것을 끝으로 570명의 남은 직원들마저 일터를 잃었고, 77년간 가동되던 이스트몰린 공장은 영구히 문을 닫았다thefreelibrary.com. 이 거대한 부지는 이듬해 대부분 철거되어 156에이커에 달하는 터에 잡초와 콘크리트 잔해만 남았고storymaps.arcgis.com, 한 시대 지역사회의 자부심이던 공장은 역사 속으로 사라졌다.

두 도시의 사례는 제조업 공장 폐쇄가 지역사회에 미치는 파괴적 영향을 적나라하게 보여준다. 수천 개의 일자리 상실은 세수 감소와 인구 유출로 이어져 도시 재정과 공공서비스 기반을 악화시켰다. 한때 안정적 중산층 생활을 가능케 했던 고임금 제조업 일자리가 사라지면서, 많은 가정이 경제적 어려움과 실업의 고통을 겪었다. 지역 주민들은 "오랫동안 몸 바쳐 일한 회사가 지역과 노동자를 저버렸다"며 분노했고ysu.edu, 한동안 "유령 도시"라는 오명이 따라다닐 정도로 공동체 활력이 급속히 쇠퇴했다. 이처럼 IH 공장 폐쇄는 단순한 기업 구조조정의 결과가 아니라, 한 지역 공동체의 붕괴를 의미하는 사건이었다.

글로벌 농기계 산업은 성장하는데, 미국 산업 기반은 왜 사라졌는가

아이러니하게도 IH가 농기계 산업에서 퇴장하고 공장을 폐쇄하던 1980년대 이후, 세계 농기계 수요는 장기적으로 성장세를 이어갔다. 1990년대부터 2000년대에 이르기까지 신흥국들의 농업 기계화와 글로벌 식량 수요 증가로 트랙터와 콤바인에 대한 전 세계적 수요는 꾸준히 확대되었다. 그러나 그 열매를 따먹은 주역은 미국이 아니었다. IH가 사라진 후 미국 농기계 산업은 사실상 존디어 한 기업에 의존하는 구조가 되었고, 나머지 시장은 합병으로 탄생한 다국적 기업(CNH, AGCO 등)이나 외국계 기업들이 차지했다. 예컨대, IH 잔여 사업을 인수한 케이스-뉴홀랜드(CNH)는 본사가 미국·유럽에 걸쳐 있는 다국적 기업이 되었고, 올리스-찰머스 등 다른 미국 회사들의 자산을 모아 형성된 AGCO 역시 해외 브랜드 위주로 운영된다. 한편 일본·유럽 기업들은 미국 시장 및 세계 시장에서 영향력을 키웠다. 그 결과 글로벌 농기계 시장 규모는 커졌지만, 미국 내 제조 기반과 고용은 이전만큼 회복되지 못한 채 공백으로 남았다.

이러한 현상의 이면에는 금융화 시대 미국 산업정책의 부재와 기업들의 단기주의가 깔려 있다. 1980년대 이후 미국 기업들은 글로벌 경쟁에서 기술개발과 설비투자 등을 통해 장기적 입지를 다지기보다는, 잇따른 구조조정과 아웃소싱으로 비용 절감과 주주 이익 실현을 우선시했다ysu.edu. IH 몰락 과정은 이런 흐름을 단적으로 보여준다. 만약 IH가 1980년대 위기 때 농기계 부문에 대한 투자와 혁신으로 경쟁력을 회복하려 했다면, 후일 세계 시장 성장기에 다시 도약할 잠재력이 있었을지도 모른다. 그러나 월스트리트식 논리에 따라 핵심 사업을 포기한 결과, IH의 기술력과 인적자원은 경쟁사와 해외자본에 흡수되거나 사장되었고, 미국은 그만큼 제조 역량을 잃어버렸다. "주주가치 극대화"라는 명분 아래 이루어진 선택들이 장기적으로는 산업의 뿌리를 흔들고 지역 공동체를 붕괴시켰다는 비판이 나오는 이유가 여기에 있다ysu.edu.

결론적으로, 인터내셔널 하베스터의 몰락은 단순한 한 기업의 실패담이 아니다. 그것은 1980년대 미국 경제가 겪은 산업 구조 변화와 금융화의 이면을 보여주는 상징적인 사례이다. 농기계 산업의 거인이었던 IH는 거시경제 충격과 경영 판단 미스로 쇠락했지만, 그 배경에는 고금리 정책, 노사갈등, 월가의 압력 등 산업사적·경제구조적 요인이 복합적으로 작용했다. 특히 금융자본 중심의 단기 수익 추구가 어떻게 한때 세계 최고 경쟁력을 자랑하던 제조기업을 해체하고, 그 여파로 지역사회까지 붕괴시켰는지를 여실히 드러낸다. 세계 농업기계 수요는 증가일로에 있지만, 정작 그 태동지인 미국 중서부의 공장지대는 공동화된 채 남은 현실은 많은 것을 시사한다. IH의 몰락에서 얻은 교훈은, 산업의 장기적 경쟁력과 지역사회의 지속가능성을 외면한 채 이루어진 주주가치 극대화 전략의 대가는 혹독하다는 점이다 ysu.edu. 미국 제조업의 부흥을 논하는 오늘날에도, IH의 역사는 단기 이익과 효율성 논리 뒤에 감춰진 사회 · 경제적 비용을 되새겨보게 한다.

칼럼 트랙터는 왜 미국을 떠났나: IH는 살아남을 수 없었을까?

인터내셔널 하버스터(International Harvester)는 단지 한 기업이 아니었다. 그것은 미국 농업의 근대화, 기계화, 그리고 수출산업의 심장 그 자체였다. 그러나 1980년대, IH는 농기계 사업을 매각하며 산업의 중심에서 퇴장했다. 기업은 이름을 바꾸었고, 브랜드는 경쟁사에 인수되었고, 지역은 일자리를 잃었다. 오늘날 우리는 이 질문을 던질 수 있다.

"IH는 정말로 회생 불가능한 기업이었을까?"

그리고 그 답은 이렇게 요약될 수 있다.

"아니었다. 하지만 잘못된 선택이 그 가능성을 지워버렸다."

1. 고금리는 외부 충격이었지만, 내부에는 더 큰 병이 있었다

IH는 1980년대 초 고금리와 경기침체라는 외부 환경에 직면했다. 하지만 더 치명적인 문제는 내부에 있었다. 노조와의 갈등은 극단으로 치달았고, 172일간의 파업은 생산을 완전히 멈춰 세웠다. 경영진은 협상 대신 대결을 택했고, 적자 확대 속에서도 인내와 구조 혁신이 아닌, 정리와 포기를 선택했다.

만약 IH가 유연한 임금 체계, 생산 조절 시스템, 노사 협력 기반을 더 일찍 마련했다면 '외부 충격'은 견뎌낼 수 있는 위기에 불과했을 것이다.

2. 기술과 브랜드는 남아 있었지만, 전략적 시야가 없었다

IH는 당시 세계 최고의 트랙터 기술을 보유하고 있었고, 'Farmall'이라는 브랜드는 미국 농민들에게 신뢰와 자부심의 상징이었다. 그러나 경영진은 그 유산을 지키기 위한 장기 투자 전략도, 농기계 산업을 전환 산업으로 발전시키는 비전도 내놓지 못했다.

이미 1980년대 중반에는 GPS 기술 기반의 정밀농업이 논의되기 시작했고, 친환경 엔진, 디지털 제어 시스템 등 새로운 농기계 패러다임이 형성되고 있었다. IH

는 그 변화의 선두가 될 수 있었지만, 생존을 위해 기술을 팔고 시장에서 퇴장하는 길을 택했다.

3. 농기계 산업은 전략 산업이었다. 다만, 아무도 그렇게 말하지 않았다

이와 같은 결정은 단지 IH 한 기업의 문제가 아니었다. 미국 정부와 금융자본은 농기계 산업을 '쇠퇴산업'으로 간주했을 뿐, 식량안보, 농촌유지, 무역수지, 기술자립 측면에서 바라보지 않았다. 하지만 농기계는 단지 '농촌용 기계'가 아니라, 국가의 식량체계, 수출 기반, 기계공업 생태계의 중심축이었다. 이 점에서 IH의 몰락은 곧 미국 농업기술 주권의 일부가 사라진 사건이었다.

그로부터 40년이 지난 지금, 미국은 여전히 농기계에서 존디어(Deere & Co.)에 의존하고 있지만, 산업의 다양성은 축소되었고, 생산지와 설계 역량은 해외에 분산되고 있다.

4. IH가 살기 위해 선택할 수 있었던 길

IH는 다음과 같은 전략을 통해 살아남을 수도 있었다:

- 농기계 + 상용트럭 + 엔진 부문 통합을 통한 산업용 파워트레인 플랫폼 기업으로 전환
- 'Farmall'을 전기·수소 기반 트랙터 브랜드로 리뉴얼
- 농업은행·연방정부와 협력하여 트랙터 구매 지원 프로그램 연계
- 딜러망과 서비스 인프라를 유지하며, 수리·부품·디지털 관리 등으로 수익구조 다변화
- 경쟁력 있는 공장과 연구소를 묶어 독립 자회사화하여 핵심 기술 유지

이러한 접근은 단기 적자를 메우진 못했을지라도, IH를 기술과 생산 기반을 가진 자립 기업으로 유지할 수 있는 구조였을 것이다.

5. 기술은 회복될 수 있다. 하지만 공동체는 다시 세우기 어렵다

IH가 해체되면서 수많은 중서부 도시들이 타격을 입었다. 트랙터는 없어졌지만, 공장을 지키던 사람들은 그대로 남았다. 락아일랜드, 이스트몰린 같은 지역들은 수십 년이 지난 지금도 경제 회복을 완전히 이루지 못하고 있다.

한 지역 신문은 IH 해체 30주년을 맞아 이런 기사를 실었다.

"트랙터는 떠났지만, 트랙터가 남긴 상처는 지금도 도시를 지배하고 있다."

결론

IH는 단순한 기업이 아니었다. 그것은 미국식 대농업의 상징, 기술 기반 산업화의 주역, 지역경제의 앵커기업이었다. 그러나 단기 재무위기, 노사갈등, 정책적 무관심, 전략 부재가 이 거대한 기업을 해체했고, 그 결과는 산업의 공동화와 지역사회의 붕괴로 이어졌다.

IH는 살 수 있었다. 기술도 있었고, 브랜드도 있었다. 다만, 그 기술을 지킬 인내와, 산업을 전략적으로 보는 눈이 없었다. 이 교훈은, 오늘날의 농업 기술 기업, 지역 기반 산업기업, 그리고 한국의 중견 제조기업에게 그대로 적용될 수 있는 이야기다.

분석 IH의 몰락이 한국 농기계 산업에 주는 다섯 가지 시사점

한국의 농기계 산업은 현재 세계 시장에서 경쟁력을 확보하고 있는 몇 안 되는 제조 분야 중 하나다. 대동(구 대동공업), LS엠트론, TYM(동양물산) 등 중견 기업들이 북미, 유럽, 아시아 시장에 진출하고 있으며, 정밀농업 · 자율주행 트랙터·전동화 기술에서도 의미 있는 진전을 보이고 있다.

그러나 글로벌 농기계 시장은 여전히 존디어, CNH, AGCO, 쿠보타 등 소수 초대형 기업이 장악하고 있으며, 한국 기업들은 중저가 시장에 집중, 또는 OEM 생산 중심의 약한 브랜드력이라는 한계를 안고 있다.

이런 맥락에서, 미국 농기계 산업의 붕괴를 상징하는 IH의 사례는 한국에 중요한 교훈을 제공한다.

1. 농기계는 단지 '농민용 기계'가 아니라, 국가 기술자산이다

IH가 무너졌을 때, 미국은 농기계 산업을 '민간 영역'으로만 보았다. 그러나 실제로는 농기계는 식량주권, 농촌유지, 수출경쟁력, 에너지효율과 직결되는 핵심 인프라 산업이었다.

한국 역시 농기계 산업을 단순히 수익성과 고용 규모로만 평가한다면, 향후 기계공업 기반이 약화되고, 농업의 기계화율과 지속가능성 확보에 어려움을 겪게 될 수 있다.

☞ 정부는 농기계 산업을 '농업기계+기계공업+수출산업+농촌기반 유지산업'으로 종합적 관점에서 다루어야 한다.

2. 기술투자 없이는 글로벌 경쟁에서 밀려난다

IH는 위기 시 R&D를 줄였고, 그 결과는 기술 경쟁력 약화로 이어졌다. 한국 농기계 기업들도 아직까지는 소형, 중형 트랙터 중심, 기계식 제어, OEM 수출에 의존하는 구조가 크다.

글로벌 시장은 이미 자율주행, GPS 정밀농업, IoT 연동 농기계, 전동화 트랙터 경쟁으로 이동하고 있으며, 이 분야에서의 기술격차가 벌어질 경우, 한국 기업은 가격 외에 차별화 포인트를 잃을 수 있다.

☞ 국책 R&D와 연계하여 농기계 전동화, 자율주행화, 디지털 전환을 선도하는 기술 개발 투자 확대가 필요하다.

3. OEM 탈피, '한국 브랜드'로의 전환이 필요하다

IH는 'Farmall'이라는 강력한 브랜드를 갖고 있었지만, 매각 이후 브랜드만 남고 생산과 기술은 사라졌다. 한국 농기계 기업 다수는 아직도 해외 브랜드의 주문자생산(OEM) 공급업체로 기능하고 있으며, 자체 브랜드의 해외 인지도와 딜러망은 부족하다.

☞ 이제는 브랜드 중심의 해외 확장을 추진해야 한다.

☞ 특히 동남아, 중동, 아프리카 등에서 'Made in Korea' 농기계의 신뢰도 구축 전략이 필요하다.

4. 농기계 산업은 지역경제의 근간이기도 하다

IH가 해체되면서 미국 중서부의 수많은 공업도시가 공동화되었다. 락아일랜드, 이스트몰린 같은 도시들은 수십 년이 지나도 회복되지 못했다.

한국의 농기계 산업도 대구 · 경북, 전북, 충청 등 지역 거점에 공장과 협력업체가 집중되어 있으며, 만약 대형 업체의 구조조정이나 공장 이전이 발생할 경우 지역경제에 치명적 후폭풍을 남길 수 있다.

☞ 농기계 산업은 제조업 고용 유지와 지역 산업생태계 유지의 관점에서도 관리되어야 한다.

☞ 공공기관 · 지자체는 부품업체와 협력체계를 포함한 클러스터 관리를 병행해야 한다.

5. 장기적 관점의 정책·금융 인프라가 뒷받침되어야 한다

IH는 단기 유동성 위기를 넘기지 못하고 산업을 매각했다. 한국 기업들도 규모가 작기 때문에 금리 변동, 환율, 수출 리스크에 쉽게 흔들릴 수 있다.

☞ 정책금융기관(KDB, 농협 등)은 농기계 산업에 특화된 중장기 기술 투자금융, 외화 리스크 완화 프로그램을 제공할 필요가 있다.

☞ '농기계 산업진흥기금' 같은 독립적 산업정책 수단을 검토할 시점이다.

결론

IH의 몰락은 단지 하나의 기업 파산이 아니었다. 그것은 국가가 기술 · 브랜드 · 지역을 어떻게 관리하지 못하면 산업이 사라질 수 있는지를 보여준 사건이다.

한국의 농기계 산업은 아직 살아있고, 경쟁력을 갖추고 있으며, 위로부터도 아래로부터도 전략적 보호와 육성이 가능하다.

지금 이 산업을 국가전략적 시야로 다시 정의하고 지원한다면, 우리는 미국이 놓친 농업기계 주권을 지켜낼 수 있을 것이다.

CHAPTER 8

무엇이 미국을 무너뜨렸는가

제조업 쇠퇴는 결과였다, 원인은 구조에 있었다

20세기 중반까지 미국은 세계의 공장이었다. 제철소, 자동차 공장, 트랙터 라인, TV 조립공장, 전력설비 제작소… 이 모든 것들이 도시를 키우고, 중산층을 만들고, 기술을 축적하며 미국식 번영을 가능하게 했다.

그러나 1980년대 이후, 이 제조업은 하나씩 무너졌다. 피츠버그는 철강을 잃었고, 디트로이트는 자동차를 잃었으며, 일리노이와 아이오와는 트랙터 공장을 잃었다. 거대한 제국은 기술이 부족해서가 아니라, 그 기술을 유지하려는 인내가 부족해서 해체되었다.

이 책의 앞 장들은 각각의 사건을 다뤘다. 이제는 그 모든 퍼즐을 맞춰야 할 시간이다.

금융자본의 우위, 산업자본의 후퇴

미국 제조업 쇠퇴의 중심에는 월가의 논리, 즉 '주주가치 극대화'가 있었다. 1970년대 후반부터 기업들은 수익성보다 자산 효율성, 주가 방어, 현금흐름 관리를 우선하게 되었고, 그 결과 R&D는 줄었고, 공장은 팔렸고, 인력은 해고되었다.

- RCA는 NBC만 남기고 해체되었다.
- GM은 금융 자회사로 수익을 내며 공장을 줄였다.
- US스틸은 인수 방어를 위해 자사주 매입과 공장 축소에 나섰다.
- 웨스팅하우스는 기술을 버리고 방송을 샀다.

- ITT는 복합기업 해체 흐름에 편승해 분할되었고,
- 인터내셔널 하버스터는 트랙터를 포기하며 트럭 기업으로 축소되었다.

이 모든 사례에서 금융적 판단은 일관되게 '비용 절감과 자산 매각'을 선택했다. 문제는, 그 순간에는 손익계산서가 개선되었지만, 그 대가로 산업의 미래가 사라졌다는 점이다.

'기업의 선택'이 아닌 '제도의 결과'

많은 분석은 제조업 쇠퇴를 "경쟁력 부족"이나 "경영 실패"로 돌린다. 그러나 실상은 미국 경제 시스템이 제조업을 버리도록 설계되어 있었다.

- 적대적 M&A가 제도적으로 허용된 환경
- 단기 수익 중심의 회계기준
- 연구개발보다 배당과 자사주매입을 유도하는 시장 압력
- 노동자보다 투자자 보호를 우선하는 법제도
- 산업정책의 부재와 규제 완화 일변도의 통상전략

이런 시스템 속에서, 경쟁력 있는 기업조차도 살아남기 위해 해체를 택해야 했다. GM이 기술 대신 금융으로, 웨스팅하우스가 원자로 대신 방송으로 전환한 것은 "실패한 전략"이 아니라 "그렇게 하지 않으면 생존할 수 없던 구조의 반영"이었다.

기술은 돈보다 느리다. 그러나 더 멀리 간다

RCA의 몰락은 기술이 부족해서가 아니었다. Zenith는 세계 최초로 평면 브라운관을 개발했고, IH는 미국 농기계 기술의 정수였다. 하지만 그들은 모두 "그 기술이 돈이 되지 않는 시기"를 견디지 못했다. 기술은 투자의 결과가 아니라 축적과 인내의 결과다. 연구소를 지키고, 인재를 붙들고, 실패를 감내하며 다음 세대를 준비하는 시간, 그 시간을 버티지 못한 기업들은 눈앞의 수익은 얻었지만, 미래를 잃었다.

GE가 RCA를 인수한 후 기술을 팔고 방송만 남겼을 때, 웨스팅하우스가 원자로를 매각하고 CBS로 바뀌었을 때, 미국은 그들 손에 있던 기술을 다시는 되찾지 못했다.

고용 없는 성장, 기술 없는 수익

제조업이 해체된 자리에 남은 것은 두 가지였다. 월가의 수익 보고서와, 러스트벨트의 침묵. 공장은 문을 닫았고, 도시는 무너졌고, 그러나 주식시장은 오르고, CEO 보수는 치솟았다. 기술은 기업의 중심에서 벗어났고, 고용은 비정규직화되었으며, 중산층은 축소되었다.

그리고 결국, 2008년 금융위기가 닥쳤다. 산업이 없는 금융경제는 위기 앞에서 취약했고, 정부는 세금으로 금융기업을 살리면서도, 제조업을 되살릴 기반은 갖고 있지 않았다.

산업의 종말은 도시의 종말이었다

이 책에서 다룬 기업들은 하나같이 지역 공동체의 중심 기업이었다. US스틸 없는 피츠버그, GM 없는 디트로이트, IH 없는 락아일랜드, RCA 없는 인디애나… 기업이 사라지면 세수가 줄고, 학교가 문을 닫고, 범죄가 증가하고, 도시는 무너진다. 즉, 제조업의 해체는 단지 산업적 변화가 아니라, 국가의 기반 인프라와 공동체 구조의 붕괴를 가져왔다. 이것이 미국이 겪은 진짜 비용이었다.

결론: 무엇이 미국을 무너뜨렸는가

정답은 하나가 아니다. 그러나 그 모든 원인을 꿰뚫는 핵심 문장은 다음과 같다.

"금융은 살아남았지만, 기술은 사라졌고, 공동체는 무너졌다."

미국은 기술보다 돈을, 사람보다 주주를, 미래보다 분기실적을 우선한 결과, 단기 수익에는 성공했지만, 산업 강국의 지위를 잃었다. 오늘날 미국은 다시 제조업을 부활시키려 노력하고 있다. 반도체법(CHIPS Act), IRA, 바이 아메리칸 정책… 그러나 기술과 인재, 산업 생태계는 하루아침에 복구되지 않는다.

무너뜨리는 데는 10년이 걸렸고, 다시 세우는 데는 한 세대가 걸릴 수 있다.

CHAPTER

9

한국에서 반복되는 장면들

미국이 걸었던 길, 지금 한국은 어디쯤인가

이 책의 앞 장들은 모두 하나의 흐름을 말하고 있었다. 제조업이 무너지고, 기술이 외면당하고, 금융이 우위를 점하고, 도시는 침묵에 빠지는 이야기. 그리고 그 이야기의 배경은 언제나 같았다. 단기 수익의 압박, 투자자의 요구, 산업정책의 부재, 기술에 대한 인내 부족. 우리는 이제 질문해야 한다.

"이 모든 장면이 오늘날 한국에서도 반복되고 있는가?"

답은 유감스럽게도 "그렇다"에 가깝다.

사모펀드의 등장과 전통 제조업의 경영권 위기

2023~2024년 한국의 대표 제조기업 중 하나인 고려아연은 경영권 분쟁에 휘말렸다. 비철금속 제련 세계 1위 수준의 기술을 가진 이 회사에, 국내 사모펀드가 개입하며 주주총회와 이사회 장악을 시도했고, 현 경영진과의 격돌은 언론을 통해 전국적인 이슈가 되었다.

이 사건은 1980년대 미국의 기업사냥꾼(corporate raiders)의 전략과 놀랍도록 닮아 있다.

- "지배구조 개선", "주주이익 극대화"라는 명분
- 지분 확보 후 경영권 압박
- 장기 R&D보다 배당 확대, 자산 매각 압력
- 노조와 지역사회는 강하게 반발

고려아연뿐만이 아니다. 한앤컴퍼니와 남양유업의 경영권 다툼, 홈플러스 인수 이후 구조조정과 부동산 매각, 맥쿼리식 사회기반시설 소유 후 수익 극대화 전략 등. "장기 투자자 vs 단기 수익자본"이라는 갈등 구도는 이미 한국 산업계 깊숙이 침투해 있다.

기술은 있지만, 지킬 의지가 약하다

RCA, Zenith, IH… 미국 기업들은 기술이 없어서 무너진 것이 아니었다. 그 기술을 지속 가능하게 만들 의지와 시스템이 부족했기 때문이었다.

오늘날 한국의 기업들도 유사한 경로를 보이고 있다.

- 전기차 배터리 기술은 세계 최고지만, 중국 OEM에 기술 의존도가 심화되고 있고
- 반도체 장비, 소재, 설계 영역에서는 M&A보다는 단기 수익성 개선에 집중하는 기업이 많으며
- 방산, 원전, 조선 등 전략 산업조차 일부에서는 분할·매각 대상으로 거론되고 있다

기술은 길게 봐야 하는 산업이다. 하지만 한국 기업들도 '단기 EPS(주당이익)'와 '시장 반응'에 과도하게 반응하는 체질로 변해가고 있다.

복합기업의 해체가 반복되고 있다

미국의 ITT는 '복합기업 비효율론' 아래 분해되었다. 한국에서도 비슷한 담론이 퍼지고 있다.

- 삼성물산-제일모직 합병 분쟁 이후 복합기업에 대한 자본시장의 압력 증가
- SK그룹의 지주회사–제조 계열 분리 및 계열 독립
- 한화그룹의 방산·화학·에너지 간 수직통합 전략이 분할 압력에 부딪힘

문제는, 분할이 항상 나쁜 것은 아니지만, 그것이 단기 시장 논리에 의한 결정이라면 기술 융합과 산업 통합 플랫폼으로 가야 할 미래 전략이 봉쇄될 수 있다는 점이다.

제조업의 공동화가 시작되고 있다

- 전통 제조업이던 LG전자, 현대차, SK하이닉스 등도 최근 10년간 R&D 중심 구조에서 플랫폼, 금융, 서비스 부문 강화로 비중 이동 중이다.
- 전장, 배터리, AI 등 미래 기술을 위한 구조 개편은 당연하나, 기존 공정과 노동, 설비, 지역 인프라의 해체 속도가 기술 전환 속도를 초과하고 있다.

이는 미국의 웨스팅하우스나 RCA가 겪었던 상황과 유사하다.

"새로운 것에 투자하는 것이 아니라, 기존 것을 포기하는 방식"으로 변화가 이뤄진다면, 그것은 혁신이 아니라 해체다.

지역 불균형과 인프라 붕괴의 조짐

한국에서도 지방 제조거점 지역의 쇠퇴는 가속화되고 있다.

- 구미, 창원, 군산, 거제, 전주, 울산 등은
  대기업 철수 또는 구조조정 이후 청년 이탈, 소득 감소, 고용 축소가 이어지고 있고
- 자동차, 조선, 철강에 의존했던 지역들은
  공장 자동화·글로벌화·생산라인 해외이전에 따른 공동화 현상을 겪고 있다.

미국이 제조업과 함께 도시를 잃었던 것처럼, 한국도 기업을 떠나보내면 지역이 함께 무너질 수 있다.

결론: 우리는 미국의 과거를 살고 있는가?

지금의 한국은 1980년대 미국과 유사한 경로를 걷고 있다.

- 기술보다 수익을,
- 고용보다 배당을,
- 지역보다 글로벌 주주를,
- 장기 경쟁력보다 단기 주가를 우선하는 시스템.

물론 한국은 아직 회복할 수 있는 시간이 있다. 기술은 살아 있고, 제조 인프라도 유지되고 있으며, 정책 전환 여력도 존재한다.

그러나 지금의 선택이 10년 뒤, '미국처럼 무너진 한국 제조업'이라는 후회를 만들지 않도록, 산업계와 정부, 자본시장은 장기 전략과 산업 보전이라는 시야를 되찾아야 한다.

한국 vs 미국 제조업 쇠퇴 비교표

구분	1980~90년대 미국	2020년대 한국
산업 쇠퇴의 출발점	고물가·고금리 이후 경기침체, 금융자본 부상	고령화·수출 둔화·고금리·글로벌 공급망 재편
핵심 자본의 이동	제조업 → 금융 자본 중심 (월가의 지배력 강화)	제조업 중심에서 서비스·플랫폼·금융 중심으로 이동 중
기업 지배구조 변화	적대적 M&A 증가, 경영권 분쟁 격화	사모펀드의 개입 증가, 지배구조 개선 요구 확대 (예: 고려아연, 남양유업)
기술 대응 전략	단기 수익 중심 구조조정, R&D 축소	일부 기술 투자 활발하나, 재무 안정화 목적의 R&D 축소도 병존
복합기업 해체	ITT, GE 등 복합 제조기업 분할 압력 증대 및 실행	SK·한화 등 복합 제조기업에 분할·지배구조 재편 압력 증가
산업 전략의 부재	산업정책 부재, 자유시장에 전적으로 의존	전략산업 중심 산업정책은 존재하나, 제조업 전반에 대한 보호 전략은 미흡
지역경제 영향	러스트벨트 공동화 (디트로이트, 피츠버그, 락아일랜드 등)	구미, 창원, 군산, 거제 등 제조 거점 지역에서 고용·인구 감소 진행 중
기업의 생존 전략	사업부 매각, 금융화, 브랜드 유지 전략 (예: 웨스팅하우스, RCA)	생산 해외이전, 부문 분할, 자사주 매입 확대, 구조조정 중심의 대응 증가
노동시장 영향	대규모 해고, 비정규직 증가, 고용 불안 확대	하청·비정규직 고착, 고용의 질 하락, 제조업 인력 이탈 가속화
산업 생태계의 결과	공급망 붕괴, 기술력 쇠퇴, 해외 의존도 심화	핵심 부품·소재·장비의 해외 의존 여전, 기술 내재화 과제 지속

Summary Massage

- 미국은 제조업을 놓친 뒤 다시 회복하는 데 수십 년이 걸렸다.
- 한국은 지금, 비슷한 길을 가기 직전의 경로에 서 있다.
- 지금의 전략적 선택이 미래 제조 강국 여부를 가를 것이다.

CHAPTER

10

산업자본을 지키기 위해 우리가 해야 할 일

망하는 길은 반복되었고, 피할 기회는 지금이다. 미국은 제조업을 버렸고, 기술을 팔았고, 공장을 닫았고, 도시를 잃었고, 결국 다시 그것들을 되찾기 위해 수십 년과 막대한 비용을 들이고 있다.

우리는 그 과정을 지켜보았다. 그리고 이제는 묻지 않을 수 없다. 한국은 그 길을 피할 수 있는가? 산업자본, 즉 공장과 기술, 사람과 설비, 생태계와 인프라를 지키기 위해 우리는 무엇을 해야 하는가? 이 장은 그 해답을 모색하는 장이다. 단순한 낙관이 아닌, 구조적 대응과 전략적 선택을 말해야 한다.

산업정책은 '보호'가 아니라 '지속 가능성 확보'여야 한다

많은 사람들이 산업정책을 이야기하면 "시장 개입"이라고 생각한다. 하지만 미국조차 반도체법(CHIPS Act), IRA를 통해 제조업 복귀를 위한 직접 개입을 하고 있다.

한국도 마찬가지다. 중요한 것은 산업정책이 특정 기업을 '살리는 것'이 아니라, 핵심 기술과 생산기반이 유지되도록 산업 생태계를 설계하는 일이라는 점이다.

→ 정부는 산업 생태계에 대한 '예방적 개입'과 '회복탄력성 보장' 역할을 명확히 해야 한다.

'장기투자'를 유도하는 자본시장 구조로 전환해야 한다

미국 제조업을 무너뜨린 핵심은 단기 수익 중심의 금융자본 구조였다. 한국도 지금 비슷한 위험에 직면해 있다.

- 배당 확대와 자사주 매입 요구는 늘어나고 있고,
- 사모펀드와 행동주의 펀드는 경영권 개입 수위를 높이고 있으며,
- 기업은 장기 투자보다 단기 대응에 집중하게 된다.
  → 이를 극복하기 위해서는 장기보유 우대, 연구개발 투자 유도, 전략산업 투자 인센티브 같은 자본시장의 '행동 규칙'을 다시 설계할 필요가 있다.

기술과 공장은 '비용'이 아니라 '국가 자산'이다

RCA, Zenith, IH, 웨스팅하우스, ITT… 이들 기업은 모두 기술이 없어서가 아니라, 그 기술을 유지하기 위한 시간을 견디지 못해 해체되었다.

지금 한국은 반도체, 배터리, 방산, 조선, 원전 등에서 세계적 기술을 보유하고 있다. 하지만 이러한 기술들이 재무제표의 효율성을 해친다는 이유로 매각되거나 축소되는 일이 반복된다면, 우리는 미래의 RCA, IH가 될 수도 있다.

→ 전략기술과 생산설비는 단지 '사업부'가 아니라 국가 차원의 산업 자산으로 평가되어야 한다.

→ 특히 수직계열화된 기술(원자력, 조선, 정밀기계 등)은 통합 유지 전략이 필요하다.

지역 제조업 거점을 방치해서는 안 된다

미국은 러스트벨트를 방치했고, 그 결과는 사회적 붕괴였다. 한국 역시 군산, 창원, 구미, 전주 등 제조 거점 도시의 공동화가 진행 중이다.

→ 중앙정부와 지자체는 '공장이 사라진 뒤' 지원하는 것이 아니라, '공장이 위기에 처했을 때' 선제적으로 개입해 고용과 설비를 보호할 수 있는 시스템을 마련해야 한다.

→ 특히 중소 협력업체, 부품사, 서비스 기업을 포함한 지역 산업 생태계 전체를 지원하는 정책이 필요하다.

기업은 산업자본의 수호자이자 혁신자여야 한다

기업이 단지 수익만을 추구하는 기관이 되면, 기술은 비용이 되고, 공장은 부담이 되며, 사람은 교체 대상이 된다. 그러나 기업이 국가 산업의 일원이라는 사명을 지닐 때, 기술은 자산이 되고, 공장은 경쟁력이 되며, 사람은 축적이 된다.

→ 한국 기업들은 장기 기술투자, 지역과의 연계, 내부 기술인력 양성 등을 단기 수익보다 우선하는 의사결정을 설계할 필요가 있다.

→ 특히 복합 기술기업은 분할보다는 통합의 논리, 효율보다는 플랫폼화 전략이 필요하다.

시민은 산업정책의 이해당사자임을 자각해야 한다

제조업이 사라지면, 가장 먼저 사라지는 것은 일자리와 중산층이다. 그리고 그다음은 세금, 지역 인프라, 공공 서비스, 그리고 자존감이다.

→ 제조업은 더 이상 '공장노동자의 문제'가 아니라, 대한민국이라는 나라의 삶의 방식과 구조에 관한 문제다.

시민은 정부에 산업 전략을 요구하고, 기업에는 장기 투자를 촉구하고, 자신의 소비와 투표, 선택이 산업의 지속 가능성을 만들어낸다는 점을 자각해야 한다.

결론: 지금이 선택의 시간이다

미국은 제조업을 놓쳤고, 그 대가는 도시의 붕괴와 기술력의 상실, 고용의 파편화로 돌아왔다. 한국은 아직 그 문턱에 서 있다. 기술은 있다. 공장도 있다. 기업도 살아있다. 지금 우리가 무엇을 선택하느냐에 따라, 10년 후의 모습이 달라질 것이다.

이 책은 단지 과거를 복기하려는 작업이 아니었다. 반복하지 않기 위한 기록이자, 미래를 위한 지도다. 산업자본을 지키는 것은 단지 기계를 지키는 일이 아니라, 국가를 지키는 일이다.

CHAPTER

11

산업자본을 구하려면 반재벌 정서를 넘어서야 한다

반재벌은 감정인가, 구조적 불신인가? 한국에서 '재벌'은 오래전부터 두 얼굴을 갖고 있었다. 수출을 이끌고 일자리를 만들며 국가 경제를 지탱해온 존재이자, 특권과 특혜, 비리와 불공정을 상징하는 대상이기도 했다.

그래서 생겨난 것이 바로 '반재벌 정서'다. 그것은 단순한 반감이나 질투가 아니라, 축적된 실망과 반복된 배신의 결과였다. 1970년대 정경유착, 1997년 IMF 외환위기, 2016년 국정농단 사태… 재벌은 위기 때마다 경제권력을 쥔 채 국민의 희생을 요구하거나 사법적 책임에서 벗어났다.

하지만 이 장에서는 되묻고자 한다. 이제 반재벌 정서가 산업자본을 위협하고 있는 것은 아닌가? 기업의 잘못을 비판하는 것과, 기업 자체를 포기하는 것은 다르지 않은가?

미국이 무너진 것도 감정이 아니라 구조 때문이었다

앞 장에서 살펴본 미국 제조업 쇠퇴의 원인은 '월가의 단기 수익 논리', '주주가치 제일주의', '정부의 산업정책 부재'로 분명했다. 그러나 그 이면에는 산업에 대한 사회적 존중과 이해 부족도 있었다.

미국 사회는 제조업을 낡은 산업, 낮은 임금의 블루칼라 노동, 글로벌 경쟁에서 밀려난 후진 부문으로 여겼고, 그 결과, 산업기술에 대한 투자도, 기술인력에 대한 존중도 사라졌다.

그 허무한 결과는 러스트벨트의 몰락이었다. 기술도, 공장도, 공동체도 함께 사라졌다. 그리고 미국은 그 후 30년 동안 다시 제조업을 복원하려 고군분투하고 있다.

한국도 지금 이 흐름에 서 있다. 우리는 과연 산업자본을 존중하고 있는가? 재벌에 대한 반감이 기업에 대한 사회적 무관심으로 번지고 있지는 않은가?

반재벌 정서가 산업자본을 해치는 방식

한국 사회의 반재벌 정서는 이해 가능한 측면이 있다. 재벌이 국민의 기대를 저버린 적이 많았고, 책임보다는 회피가 많았던 것도 사실이다. 그러나 그 정서가 다음과 같은 방식으로 확산될 때, 산업의 토대를 갉아먹는 독이 될 수 있다.

1. 기업가 정신의 위축

대기업이 어떤 투자를 해도 "오너 일가 배불리기", "재벌의 욕심"이라는 프레임으로 소비된다면, 위험을 감수하고 새로운 산업에 도전할 동기를 상실할 수 있다. 결국 보신주의, 해외투자 전환, 무리한 분할로 이어질 가능성이 높다.

2. 정치의 반기업 포퓰리즘화

기업 규제를 표를 얻는 수단으로 이용하면, 규제는 강해지고, 제도는 불안정해지며, 투자와 고용은 줄어든다. 산업정책은 포퓰리즘으로 설계되는 것이 아니라, 장기 전략으로 설계되어야 한다.

3. 정책 리스크와 자본의 탈출

"재벌=개혁 대상"이라는 정치적 고정관념은 기술 중심 대기업의 전략 투자를 정책 리스크로 몰아넣고, 결국 자본의 해외이탈과 투자 회피로 이어질 수 있다. 오늘날 일부 반도체·배터리·소재 기업들이 한국 내 투자보다 해외 증설을 우선하는 배경에는 경제보다 정치 리스크 회피 전략이 작동하고 있다.

반재벌이 아니라, 반부패가 되어야 한다

중요한 것은 기업의 존재 자체를 적대시하는 정서가 아니라, 기업 내 부정과 특권, 사익 추구에 대한 제도적 견제다.

한국의 산업자본은 지금도 세계 최고 수준의 기술과 품질, 글로벌 시장을 갖고 있다. 삼성전자, 현대자동차, LG에너지솔루션, 한화에어로스페이스, HD현대… 이 기업들이 단지 재벌이기 때문에 혐오의 대상이 되어선 안 된다.

우리가 비판해야 할 것은 경영권 편법 승계, 내부자 거래, 일감 몰아주기 같은 구조적 부정행위이지, 기술과 일자리를 창출하는 기업 자체가 아니다.

반재벌이 아니라 반부패, 반독점, 반갑질로 정서가 전환되어야, 우리는 산업자본을 보호하면서도 공정한 사회를 만들 수 있다.

산업자본에 대한 새로운 사회계약이 필요하다

이제는 묻자. 우리는 산업을 어떤 눈으로 바라볼 것인가? 기술을 만드는 기업, 수만 명을 고용하는 기업, 30년간 설비를 돌리는 기업은 어떤 존재인가?

만약 사회가 이들에게 "어차피 다 특권층이고, 세습 경영이나 하는 부자들의 장난감"이라 말한다면, 그들은 그 기술을 한국에서 유지할 이유를 잃는다.

지금 필요한 것은 새로운 사회계약이다.

- 기업은 투명하게 경영하고,
- 정부는 공정한 제도를 만들고,
- 시민은 기업의 존재를 신뢰하고 감시하는 균형 있는 태도를 갖추어야 한다.

이 세 주체가 다시 연결되지 않으면, 우리는 한국판 러스트벨트를 마주하게 될 것이다.

결론: 산업자본을 지키는 것은 기업 편들기가 아니다

반재벌 정서를 줄이자고 말하면 "기업 편들기냐", "대기업 봐주기냐"는 반응이 나온다. 하지만 그것은 정확히 미국이 했던 실수였다.

기업을 견제하지 않아서가 아니라, 기업을 이해하지 못했기 때문에 미국은 제조업을 잃었다. 산업자본을 지키는 것은, 국가의 생산능력을 지키는 일이며, 고용과 세수, 기술과 미래를 지키는 일이다.

한국이 다시는 '기술은 있지만, 그 기술을 믿지 못했던 사회'가 되지 않도록, 이제 우리는 정서가 아니라 제도로, 분노가 아니라 구조로 산업과 기업을 보는 눈을 바꿔야 한다.

CHAPTER

12

상속세가 산업자본을 해친다
: 한국적 제도의 딜레마와 새로운 대안

산업자본은 왜 다음 세대로 이어지지 못하는가? 지금까지 살펴본 바와 같이, 미국 제조업이 몰락한 데에는 기술보다 제도가 앞서서 무너졌기 때문이다. 기술은 있었지만, 그 기술을 유지할 기회를 사회가 허락하지 않았다. 지속 가능한 투자, 인재의 계승, 설비와 공동체를 유지하기 위한 경영의 연속성—이 모든 것은 자본의 구조와 제도의 설계에 달려 있다.

한국도 마찬가지다. 한국의 산업자본은 여전히 강한 편이지만, 그것이 다음 세대로 자연스럽게 계승되지 못하는 구조적 이유가 있다. 그 핵심에는 바로 세계에서 가장 높은 수준의 상속세 제도가 있다.

상속세는 단순한 세금이 아니다. 산업을 단절시키는 구조다

한국의 상속세율은 명목상 50%지만, 대기업의 경우 대주주 할증이 붙어 실효세율이 60%에 달할 수 있다. 이는 자산가가 사망하면, 그 자산의 절반 이상을 세금으로 내야 한다는 의미다. 문제는 이 자산이 대부분 기업의 주식, 비유동 자산, 설비로 구성되어 있다는 점이다.

상속세는 현금 납부를 요구한다. 그러나 기업은 현금이 아니라, 생산과 투자에 묶인 자산으로 존재한다. 결국, 상속인이 경영권을 유지하기 위해서는

- 회사를 분할하거나,
- 일부 사업을 매각하거나,
- 배당을 늘리거나,

- 해외로 자산을 이전하거나,
- 주가를 일부러 낮춰야 하는 선택지를 고민하게 된다.

이것은 정상적인 경영이 아니다. 세금을 회피하기 위한 왜곡된 경영 결정이고, 결국 기업의 기술·가치·지속성을 스스로 훼손하는 자기 해체적 경영으로 이어진다.

상속세가 반기업 정서와 어떻게 맞물려 있는가

한국 사회에는 뿌리 깊은 반재벌 정서가 있다. 정경유착, 편법승계, 탈세, 일감 몰아주기 등 기업의 잘못된 관행이 그 정서의 뿌리다. 하지만 우리는 질문해야 한다.

그 반재벌 정서의 상당 부분은 과도한 상속세 부담이 촉발한 비정상적 행동에서 비롯된 것은 아닌가?

- 상속세를 회피하기 위해 지배구조를 복잡하게 만들고,
- 자녀에게 자산을 미리 넘기기 위해 일감 몰아주기를 하고,
- 주가를 낮추기 위해 배당을 줄이고,
- 회사를 쪼개고, 키우고, 다시 합병하는 행위는 근본적으로 상속세의 구조적 압박에서 시작된 경우가 많다.

결국, 상속세가 기업을 왜곡시키고, 그 왜곡이 국민의 눈에 불공정한 재벌의 이미지로 비친다. 즉, 세금이 정서를 만들고, 정서가 다시 정책을 왜곡시키는 악순환이 발생하는 것이다.

미국은 왜 재단을 활용했는가

미국 역시 한때는 상속세율이 70%에 육박했던 적이 있다. 그러나 오늘날 많은 미국 기업가들은 재단(Foundation)을 활용해 상속세 없이 기업을 다음 세대로 넘긴다.

- 록펠러 가문, 포드, 카네기, 빌 게이츠, 마크 저커버그 등 수많은 기업가들이자산을 재단에 기부하고, 재단을 통해 기업 지배권을 유지하거나 사회공헌을 실행한다.

이 제도의 핵심은 다음과 같다.

- 상속세 없이 기업 지배권을 공익 재단에 귀속시키되,
- 창업주와 후손이 재단의 이사회 또는 관리자로 참여하여 경영철학과 사회적 책임을 지속한다.
- 재단은 자산 운용 수익의 일정 부분을 사회에 환원해야 하며, 그 운영은 법적 감시를 받는다.

이는 공익적 목적을 조건으로 상속세를 면제하는 일종의 사회계약형 제도이며, 창업가 정신과 산업자본을 동시에 보존할 수 있는 절충안이다.

한국에도 '공익 재단을 통한 기업 승계'를 허용하자

현재 한국의 상속세 제도는 무조건 현금 납부, 사후 공제, 가업승계 공제 요건의 과도한 까다로움 등으로 인해 실질적으로 기업인

에게 상속을 통한 경영계승을 막는 구조다.

하지만 만약 창업주가 생전에 다음과 같은 조건을 수용한다면,

- 일정 비율의 사회 환원(기부 · 고용 유지 · 기술 전수),
- 재단 형태의 소유구조 전환,
- 투명한 지배구조 운영 약속,
- 자녀 경영 참여의 조건적 허용

그에 상응해 상속세를 유예하거나 감면하는 제도적 틀을 만들 수는 없는가? 그렇게 되면,

- 기업은 기술과 경영 철학을 유지하며 장기적 투자를 이어가고,
- 사회는 일정한 재정과 고용, 공익을 확보할 수 있으며,
- 국민은 기업을 신뢰하고 반감 대신 존중을 보낼 수 있다.

알람브라 칙령이 스페인을 무너뜨렸듯, 우리는 무엇을 택할 것인가

1492년, 스페인은 가톨릭 이외의 유대인을 내쫓는 알람브라 칙령을 발표했다. 당시 유대인은 스페인의 금융과 기술, 유통을 담당하던 계층이었다. 그들을 제거한 이유는 정치적이었다. 평등을 내세웠지만, 결과는 경제의 붕괴였다.

상속세로 산업자본을 추방하는 한국의 구조는 현대판 알람브라 칙령일 수 있다. 좋은 의도에서 출발한 세금이,

- 기술을 축적한 기업인을 떠나게 하고,
- 자녀들이 가업을 잇는 대신 회사를 팔게 만들고,
- 고용과 세금, 사회적 신뢰를 무너뜨릴 수 있다면, 그 제도는

반드시 고쳐야 한다.

결론: 세금으로는 기업을 지킬 수 없다. 신뢰로만 가능하다

기업을 통제하려는 제도는 많다. 세금, 규제, 공시, 이사회 제도… 그러나 결국 기업이 사회의 자산이 되려면, 사회가 기업을 신뢰해야 한다. 그 신뢰는 투명한 제도와 공익적 설계, 책임 있는 경영에서 비롯된다.

상속세는 단순히 부자에게 세금을 물리는 문제가 아니다. 산업자본을 끊을 것이냐, 이어갈 것이냐를 묻는 구조의 문제다.

이제 우리는 질문해야 한다.

- 산업을 지키려면 상속세를 어떻게 설계할 것인가?
- 반기업 정서가 아니라, 산업 존중 사회를 만들 수 있는 장치는 무엇인가?
- 창업가가 자녀에게 기술과 철학을 남기고, 동시에 사회에 기여할 수 있는 방법은 무엇인가?

그 해답은 미국식 재단제도와 같은 새로운 사회계약에서 시작될 수 있다.

칼럼 상속세보다 재단: 코리아 디스카운트 해소의 지속 가능한 해법

한국 자본시장은 오랫동안 '코리아 디스카운트'라는 구조적 저평가 현상에 직면해 있다. 이는 동일 산업, 유사한 규모와 수익 구조를 가진 기업이라 하더라도 해외 기업들에 비해 한국 기업의 주가수익비율(PER)이나 주가순자산비율(PBR)이 현저히 낮게 평가되는 현상을 말한다. 다양한 원인이 거론되지만, 외국인 투자자의 불신, 불투명한 지배구조, 과도한 규제, 낮은 배당성향 등이 복합적으로 작용하고 있다. 그중에서도 최근 더욱 부각되는 요인은 상속세 제도이다.

상속세는 단순한 조세정책을 넘어서 자본시장과 기업 경영에 실질적인 영향을 미치는 제도이다. 특히 한국은 OECD 국가 중에서도 가장 높은 상속세율을 유지하고 있으며, 실제 부과되는 세금의 비율도 세계 최고 수준에 가깝다. 이는 단순히 '부자 증세' 차원의 논쟁을 넘어서 기업의 생존과 성장 전략, 나아가 국가의 경제 경쟁력에 직결되는 문제로 부상하고 있다.

창업주의 고령화와 함께 기업들의 세대교체가 급속도로 진행되고 있는 지금, 상속세의 부담은 현실적인 경영 위축으로 이어지고 있다. 창업주나 대주주는 상속세 재원 마련을 위해 기업의 배당 확대나 자산 매각을 고려하게 되고, 이는 기업의 장기 투자 여력을 감소시키는 결과를 초래한다. 미래 성장을 위한 연구개발(R&D) 투자나 인수합병(M&A) 전략보다는 단기적인 현금 확보가 우선시되면서, 기업 본연의 경쟁력 강화가 지연된다.

미국의 사례는 이러한 문제를 해결할 수 있는 하나의 대안을 제시한다. 미국에서는 고액 자산가들이 민간 재단(Private Foundation)을 설립해 자산을 재단에 기부하고, 해당 자산을 자녀가 운영하게 함으로써 상속세를 우회하는 방식이 널리 활용되고 있다. 대표적인 예로 록펠러, 포드, 카네기 등 미국의 대표적인 재벌가들이 막대한 자산을 재단에 기부하여 기업의 지속성을 확보하고 사회에 환원하는 모델을 만들었다.

미국 재단은 매년 자산의 5% 이상을 공익 목적으로 사용해야 하며, 이를 어길 경우 세금 혜택이 취소되거나 벌금이 부과된다. 이 제도는 단순히 상속세를 피하는 수단이 아니라, 기업가의 유산이 사회적 가치 창출에 활용되도록 유도하는 효과가 있다. 실제로 미국 내 재단이 사용한 사회활동 예산은 연간 1,035억 달러에 달하며, 이는 해당 분야에서 정부 예산의 10~20%에 해당하는 수준이다. 한국에서 상속세가 정부예산에서 차지하는 비중이 1% 남짓 한 것과는 현격한 차이가 있다. 이는 미국의 재단 제도가 단순한 민간 자본의 축적이 아닌, 사회적 자본으로의 전환이라는 측면에서도 시사하는 바가 크다.

재단을 물려받은 상속인은 재단의 지속성을 확보하기 위해 재단이 소유한 기업으로부터 최소 연 5%의 배당이나 자본이득을 창출해야 한다. 이는 곧 상속인이 기업의 성과를 높이고 가치를 제고하는 데 주력할 수밖에 없다는 구조를 만든다. 결과적으로 기업의 지속 가능성이 강화되고, 주주 가치 역시 함께 상승하게 된다. 이는 소액주주와 대주주의 이해가 자연스럽게 일치하는 메커니즘을 만들어내는 것이기도 하다 .

반면 한국에서는 상속세가 '황금알을 낳는 거위의 배를 가르는 제도'로 작용하는 측면이 있다. 상속세 납부를 위해 기업의 유동자산을 매각하거나, 심지어는 경영권을 외부에 넘기는 사례도 발생하고 있다. 이는 기업의 지속 가능성과 고용, 그리고 산업 생태계 전체에 부정적인 영향을 줄 수밖에 없다. 실제로 상당수의 기업인들이 상속세를 피하기 위해 해외로 이주하거나 기업을 외국계에 매각하는 경우도 존재한다.

재단 모델은 '황금알을 낳는 거위를 계속 키우는' 방식에 가깝다. 재단은 상속세로 인해 기업을 분해하거나 외부에 넘기지 않고도, 기업의 자산을 사회에 환원하는 동시에 기업 경영의 연속성을 유지할 수 있도록 한다. 이는 기업, 사회, 정부 모두가 윈윈하는 구조다.

한국 역시 재단 설립을 통한 상속 대체 방안을 적극 검토해야 한다. 구체적으로는 일정 요건을 갖춘 재단에 기업 자산을 출연할 경우, 상속세를 면제하거나 감면해주되, 해당 재단이 매년 자산의 5% 이상을 사회 공익 목적으로 사용하도록 의무화하는 방식이 바람직하다. 이를 통해 부의 축적이 아닌, 부의 순환이 이루어지고, 기업은 단기적 압박 없이 장기 성장 전략을 지속할 수 있다.

이러한 제도가 도입된다면 한국 사회는 부의 세습이라는 논란에서 벗어나, 자산가의 공익적 기여와 기업의 성장이라는 두 마리 토끼를 동시에 잡을 수 있을 것이다. 창업주의 리더십이 공익 재단을 통해 사회적 가치로 전환되고, 그 자산을 기반으로 새로운 일자리와 사회 서비스가 창출된다면, 이는 진정한 의미의 상속이자, 미래를 위한 유산이 될 것이다.

궁극적으로 코리아 디스카운트를 해소하고, 자본시장의 신뢰를 회복하며, 기업의 지속 가능성과 사회적 기여를 동시에 실현하기 위해서는 상속세에 대한 새로운 시각이 필요하다. 미국의 재단 모델은 그 실마리를 제공해주고 있으며, 한국의 현실에 맞춘 제도 설계를 통해 보다 공정하고 지속 가능한 자본주의를 구축할 수 있을 것이다.

CHAPTER

13

세금은 어디서 오는가
: 산업 없는 복지는 없다

복지는 어디에서 시작되는가? 한국 사회는 이제 복지국가를 꿈꾼다. 아이를 낳으면 돈을 주고, 병원은 국가가 부담하며, 노인은 연금을 받고, 청년은 주거지원을 받는다. 국민 대부분이 더 많은 복지를 원하고, 정치도 그에 부응하려 한다.

그런데 한 가지 질문을 해보자. 그 복지를 위한 재정은 어디에서 오는가? 그 세금은 누가 내는가? 누가 고용을 만들고, 소득을 제공하고, 건강보험료와 연금 보험료를 내는가?

답은 단순하다. 바로 산업이다.

산업자본은 복지 재정의 엔진이다

한 기업이 공장을 운영하면, 그 한 곳에서 수많은 세금과 공공부담이 창출된다. 단지 법인세만이 아니다. 산업자본이 있는 곳에는 다음과 같은 세금 흐름의 고리가 존재한다.

1. 법인세

- 기업이 흑자를 내면 10~25%의 법인세를 납부한다.
- 2022년 기준 한국 법인세 총수입 약 100조 원 중 70% 이상이 대기업에서 나왔다.

2. 소득세

- 공장이 노동자를 고용하면 급여가 발생하고, 급여에는 소득세가 붙는다.
- 제조업은 대체로 고용 규모가 크고 고정급이 안정적이기 때

문에 세금 징수 기반으로서 중요하다.

3. 부가가치세

- 제조기업은 제품을 판매하며 부가세를 납부하고, 이 과정에서 유통·서비스 단계까지 세금이 연결된다.
- 산업이 있으면 거래가 있고, 거래가 있으면 과세가 있다.

4. 건강보험료 및 국민연금

- 기업은 종업원 급여의 50% 이상을 국민연금과 건강보험으로 납부한다.
- 연금 기금의 대부분은 민간 제조업과 대기업 노동자의 보험료에서 나온다.

5. 지방세와 교육세, 산업 기반 기여

- 기업이 있는 지역에는 재산세·취득세·지방소득세가 납부되고,
- 지역 교육청은 이 세금으로 학교를 운영하고 교사를 채용한다.

즉, 기업 하나가 고용을 유지하고 투자를 지속하는 것만으로도 복지국가의 재정적 뼈대가 작동하는 것이다.

산업이 사라지면 세금도 사라진다

미국 러스트벨트에서 산업이 무너졌을 때, 학교가 문을 닫고, 공공도서관이 폐쇄되었으며, 소방관과 경찰 수가 줄고, 노인요양시

설이 운영되지 못했다.

그 이유는 단 하나다. 산업이 떠나자 세금도 함께 떠났기 때문이다.

- 디트로이트는 GM 공장 폐쇄 이후 지방채 디폴트를 선언했고,
- 피츠버그는 철강산업 붕괴 이후 수천억 원의 세수 손실로 교육예산을 삭감해야 했다.
- 한국에서도 같은 일이 벌어지고 있다.
- 구미에서 LG와 삼성 생산라인이 빠져나간 이후, 지역 세수가 줄고 학교가 통폐합되었다.
- 군산에서 GM과 현대중공업이 떠나자, 군산시의 자체 예산 편성 비중이 급감했다.

산업이 빠져나가면 정부의 복지 약속은 재정적으로 지속될 수 없게 된다.

"기업은 이윤만 추구한다"는 비판은 정당한가?

대기업이 큰 이익을 낸다 하면 "배당만 챙긴다"는 비판이 돌아온다. 삼성이 이익 100조 원을 내도, SK하이닉스가 흑자 전환을 해도, "그 이익이 국민에게 돌아오는가?"라는 의심이 따라붙는다.

물론 정당한 비판이다. 과도한 내부 유보, 과소 배당, 불투명한 투자 계획은 반드시 개선돼야 한다. 그러나 동시에, 이 기업들이 내는 세금이 우리의 연금이고, 건강보험이고, 국공립 어린이집이고, 기초연금 재원이라는 점도 함께 보아야 한다.

이윤은 곧 세금이며, 세금은 곧 복지이며, 복지는 산업이 없으면 불가능하다.

"산업 없는 복지는 없다"는 구조적 상식을 회복하자

복지는 정치의 영역이지만, 기반은 경제다. 복지국가를 설계하려면, 세수의 생산자—산업자본에 대한 존중과 유지 전략이 함께 가야 한다.

- 세금을 많이 내는 기업을 '기피 대상'이 아니라 '사회적 기여자'로 인정해야 하고,
- 세금을 내기 위한 이익을 낼 수 있는 환경을 만들어야 하며,
- 산업이 번창하면 국민도 안정된 삶을 누릴 수 있다는 구조를 이해해야 한다.

복지국가는 세금으로 운영되고, 세금은 산업에서 나온다는 사실을, 더 이상 외면해서는 안 된다.

결론: 산업자본은 공장도, 수출도, 기술도 넘는 가치다

우리는 산업을 늘 '수출'과 '고용'의 지표로만 평가해 왔다. 그러나 산업은 복지국가의 전제조건이며, 국민이 누리는 권리의 재정 기반이다.

산업 없는 복지는 없다. 세금 없는 복지국가도 없다. 세금은 기업에서 온다. 이제 산업을 단지 '기업의 영역'이 아니라, 복지국가를

지탱하는 공공재의 출발점으로 이해해야 한다.

산업을 보호하는 것은 단지 기업을 돕는 일이 아니라, 국가를 지키는 일이다.

CHAPTER

14

우리 아이의 첫 직장은 어디인가?

'재벌은 싫다'는 청년들, 그런데 어디서 일하고 싶은가? 한국 사회의 청년들은 '반기업 정서'를 가장 강하게 드러내는 세대다. 불공정, 세습, 탈세, 갑질, 격차… 재벌을 향한 분노와 냉소는 인터넷 커뮤니티를 뒤덮고 있다.

하지만 또 한편으로는, 청년들의 취업 목표 1순위는 여전히 삼성전자, 현대차, LG, SK 같은 대기업이다. 잡코리아·사람인·청년희망재단 등 각종 취업 선호도 조사에서 '가장 일하고 싶은 기업'은 언제나 산업자본 기반의 대기업이 차지한다.

이 모순은 무엇을 말해주는가? '정서적 반감'과 '현실적 기대' 사이에 깊은 간극이 존재한다는 사실이다.

청년은 기업에 실망하지만, 그들이 원하는 삶—안정된 소득, 커리어 성장, 기술 축적, 글로벌 경험—은 결국 산업자본이 만들어내는 일자리에서만 실현 가능하다는 것을 알고 있다.

산업자본이 만든 일자리란 무엇인가?

산업자본은 단지 "대기업"이 아니다. 그것은 기술을 만드는 조직이며, 장기 투자를 기반으로 한 일자리이며, 청년들이 직업적 정체성을 갖고 성장할 수 있는 공간이다.

예를 들어 삼성전자의 경우

- R&D 중심 직무 비중 약 30%
- 평균 연봉 1억 원 이상
- 해외 파견 및 직무 순환 기회 보장
- 기술 기반 커리어 축적 가능

현대자동차, SK하이닉스, 한화에어로스페이스, LG에너지솔루션 등 제조 기반 대기업들은 단순 노동이 아니라, 기술 기반 고부가가치형 직무 구조를 갖추고 있다.

또한 이 기업들은 사내교육, 대학원 연계, 해외연수, 협력사 파견 등 청년에게 "일자리 그 이상"을 제공한다.

산업자본 기반 일자리는 소득 + 성장 + 사회적 안정이라는 세 가지 조건을 동시에 만족시킨다.

반기업 정서가 만든 고립은 누구를 위한 것인가?

그럼에도 청년층은 여전히 대기업을 경계하고 멀리하려 한다. 특권층, 세습, 불공정, 기득권… 그러나 정작 그런 정서가 강해질수록, 기업은 청년을 향한 투자를 줄인다. 신입공채를 없애고, 외주와 비정규직을 늘리며, 고용이 아니라 '기술'과 '자동화'로 대체하려 한다.

이제 물어야 한다. "산업자본이 없다면, 우리 아이는 어디서 일하게 되는가?"

- 플랫폼 단기직?
- 배달 라이더?
- 웹툰 작가?
- 공무원 시험?
- 유튜브 크리에이터?

그 어느 것도 나쁘지 않다. 그러나 그 모든 선택의 하단에는 여전히 제조업과 산업기반에서 나오는 부가가치가 존재한다.

플랫폼도 데이터센터가 있어야 하고, AI도 반도체가 있어야 하며, 공무원 연금도 산업세수가 있어야 유지된다. 결국 산업이 있어야, 비(非)산업적 삶도 존속할 수 있다.

청년을 위한 산업, 산업을 위한 청년

지금 필요한 것은 청년과 산업자본 사이의 새로운 계약이다.

- 기업은 청년을 소모품이 아니라 함께 성장할 파트너로 대해야 하고,
- 청년은 산업을 기득권이 아니라 자신의 가능성을 펼칠 공간으로 이해해야 한다.

특히 산업자본은 청년에게 다음과 같은 약속을 해야 한다.

- 공정한 채용
- 직무 기반 인사와 성과의 투명한 보상
- 커리어 성장 경로 보장
- 기술 중심 교육과 전환 가능성 확보
- 경력 단절 예방과 복귀 경로 설계

청년은 그 약속에 응답해야 한다. 반기업 정서를 넘어, "누구나 들어가고 싶은 기업"이 어떻게 만들어지는지를 직접 경험하고 평가하는 시민으로 성장해야 한다.

결론: 산업 없는 미래는 없다. 청년 없는 산업도 없다

청년은 일자리를 원하고, 사회는 복지를 원하고, 국가는 재정을 원한다. 그 모든 기반은 산업이다. 그리고 그 산업을 이끌 다음 세대는 청년이다.

반기업 정서는 산업자본을 고립시키고, 산업의 고립은 청년을 불안하게 만든다. 이제 질문해야 한다.

"우리 아이의 첫 직장은 어디에 있을 것인가?" "그 기업이 한국에 계속 남아 있게 하려면 우리는 무엇을 해야 하는가?"

그 대답을 찾는 것이 청년을 위한 사회, 산업을 위한 사회, 그리고 대한민국의 미래를 위한 첫걸음이 될 것이다.

CHAPTER 15

노동 없는 산업은 없고,
산업 없는 노동도 없다

반기업 정서, 그리고 노동과의 오해

한국 사회에서 '반기업 정서'는 때때로 '친노동'과 동일시된다. 마치 기업을 비판하면 노동을 지지하는 것이고, 산업자본을 경계하면 노동자 권익이 지켜진다는 식의 이분법이다.

그러나 정말 그럴까? 과연 산업을 압박하고 기업을 옥죄면, 노동자의 권리가 강화되는가? 답은 아니다.

"노동 없는 산업은 없다"는 말만큼, "산업 없는 노동도 없다"는 말 역시 성립한다.

노동과 산업은 같이 일어났고, 같이 사라진다

20세기 미국 노동운동의 발원지는 디트로이트였다. 포드, GM, 크라이슬러가 만드는 자동차는 미국 중산층의 상징이었고, 자동차 노동조합(UAW)은 복지국가의 기초를 설계했다.

하지만 1980년대 산업이 무너지고, 공장이 닫히고, 설비가 멕시코와 중국으로 이전하면서 노동조합도 함께 해체되었다.

GM 공장이 폐쇄된 플린트(Flint), U.S. Steel이 빠져나간 피츠버그(Pittsburgh), RCA가 사라진 인디애나주(Bloomington)... 이들 도시에서 먼저 사라진 것은 기계가 아니라 노동자였고, 다음으로 사라진 것은 조합이고, 그다음은 임금이고, 마지막으로 사라진 것은 노동의 존엄이었다.

산업이 있어야 노동조합도 존재한다

한국에서도 마찬가지다.

- 현대중공업의 구조조정으로 울산조선소 조합원 수는 30% 가까이 줄었고,
- GM 군산공장이 폐쇄되자 군산 금속노조 지부는 사실상 해체되었으며,
- 구미전자산업의 공동화는 전자노조 구미지회의 급속한 축소로 이어졌다.

"산업이 무너지면 노조도 무너진다", "공장이 떠나면 단체협약도 없다." 정치적으로는 진보를 표방하면서도 산업정책은 소홀히 하는 세력은 결국 노동조합의 존속 기반마저 흔들 수 있다.

반산업적 정책은 노동권에도 부메랑이 된다

최근 한국 노동계에서도

- 탈원전 정책이 두산중공업 노조의 생존 위기로 이어졌고,
- 조선업 물량 감소가 해양플랜트 노동자의 실직으로,
- 반도체 공급망 재편이 생산직 고용 안정성 약화로 이어졌다.

정의로운 산업전환은 필요하다. 하지만 산업을 희생해서 노동권을 지킬 수는 없다.

"기업을 죽이고 노동을 지키는 것은 불가능하다", "산업이 있어

야 교섭할 대상이 생기고, 일감이 있어야 파업도 존재한다.”

노동계가 산업 보호에 나서야 하는 이유

노동조합은 산업자본의 감시자이자 동반자다. 기업이 잘못된 투자와 인사, 경영권 세습, 재무 위기 등에 빠지지 않도록 노동자는 현장에서 가장 먼저 문제를 감지할 수 있다.

그러나 이 감시가 실질적인 힘을 가지려면 노동이 산업 안에 ‘함께’ 있어야 한다. 산업이 건강해야,

- 임금도 올라가고,
- 복지도 지켜지고,
- 고용도 유지되고,
- 노조도 유지된다.

따라서 노동계도 이제는 ‘산업을 살려야 노동이 산다’는 시각에서 산업정책에 적극적으로 목소리를 내야 한다.

- 공장 유지,
- 생산 기지 국내 존치,
- 핵심 기술 국산화,
- 장기 R&D 투자 확대

등의 정책은 모두 노동을 위한 조건이기도 하다.

결론: 노동 없는 산업은 없고, 산업 없는 노동도 없다

우리는 지금 산업은 기업가의 것이고, 노동은 노동자의 것이라는 오래된 프레임을 벗어나야 한다.

산업은 공동체의 것이다. 산업이 살아야 노동도 살고, 노동이 강할수록 산업도 건강하다. 그렇기에 산업 보호는 노동 보호다. 공장을 지킨다는 것은 단지 기계를 지키는 것이 아니라, 사람을 지키고, 가정을 지키고, 노동의 권리를 지키는 일이다.

산업자본과 노동자, 그 둘은 언제나 같이 무너졌고, 이제는 같이 살아야 한다.

CHAPTER

16

누가 기업을 떠나게 했는가

그들이 떠난 뒤에 시작된 쇠퇴

1492년, 스페인은 종교적 순결을 명분으로 유대인을 추방했다. 알람브라 칙령(Alhambra Decree)은 "개종하거나 떠나라"는 명령이었고, 약 15만 명의 유대인들이 재산을 처분하거나 빼앗긴 채 스페인을 떠났다.

그들은 누구였을까? 세금을 걷던 사람들, 상업과 무역을 이끌던 사람들, 금융과 회계를 책임지던 사람들이었다. 스페인은 그들을 '위협'으로 여겼지만, 그들은 사실상 국가의 자산을 움직이던 엔진이었다.

그리고 그들이 떠난 뒤, 스페인은 단기적으로 통합을 얻었지만, 장기적으로는 상업, 금융, 과학, 행정력의 급격한 쇠퇴를 경험한다. 알람브라 칙령은 종교의 이름을 빌렸지만, 그 실질적 결과는 '자산의 추방'이었다.

알람브라 칙령은 먼 나라 이야기가 아니다

우리는 이제 묻는다. 그들은 왜 떠났을까? 국가가 그들을 처벌해서? 아니면, 국민이 그들을 미워했기 때문에? 그리고 그 미움은 어디서 비롯되었을까?

"그들은 너무 부자다", "그들은 특권을 누린다", "그들은 투명하지 않다", "그들은 평범한 우리와 다르다."

이 모든 말은 지금 한국 사회에서 재벌, 자산가, 기업인을 향해 던지는 말과 닮아 있다. 그 말들이 쌓이고, 사회적 공분이 되고, 정치적 구호가 되면 국가는 조용히 세금을 높이고, 규제를 늘리고, 여론을 등에 업고 기업을 몰아낸다. 그리고 어느 순간, 그들은 떠난다.

누가 기업을 떠나게 했는가

많은 이들이 묻는다. "왜 삼성은 반도체 공장을 미국에 짓는가?" "왜 LG는 배터리 공장을 헝가리에 짓는가?" "왜 SK는 고용을 미국에서 늘리는가?" "왜 대기업은 한국이 아니라 해외에 투자하는가?"

표면적인 이유는 '시장 접근성', '보조금', '현지 수요'다. 그러나 이면에는 다음과 같은 생각이 있다.

"한국에서는 정당한 이익을 내도 욕을 먹는다", "상속세가 과중해서 회사를 넘기기 어렵다", "투명하게 경영해도 불신이 따라다닌다", "투자보다 방어가 먼저다."

기업은 언론 보도나 여론조사를 보고 움직이지 않는다. 하지만 분위기와 구조는 읽는다. 그리고 언제든 조용히 떠날 수 있다.

중산층은 기업의 이탈을 견딜 수 있는가

기업이 떠나면 고용이 줄고, 세수가 줄고, 상권이 약해진다. 중산층이 먼저 타격을 입는다.

- 내 아이가 입학할 초등학교가 통폐합되고,
- 동네 병원이 운영난에 시달리고,
- 아파트 시세가 10~20%씩 떨어지고,
- 청년이 도시를 떠나고,

• 남은 노년층은 복지 지자체를 떠나야 한다.

기업은 지역사회의 고용주이자, 세금의 납부자이며, 상권의 공급자이고, 삶의 흐름을 만들어내는 축이다.

“재벌이 떠난다”는 말은 단지 언론 기사 한 줄이 아니라, 우리 삶의 기반이 하나씩 사라지는 과정일 수 있다.

반기업 정서가 만든 구조, 그 구조가 만든 이탈

그럼에도 우리는 기업이 떠나는 원인을 이렇게만 말한다.

“너희가 국민의 신뢰를 잃었기 때문이야”, “너희가 과거에 특혜를 누렸잖아”, “이 정도는 감내해야지”, “해외 나가서 고생해봐야 정신 차리지.”

이 정서는 정의롭다. 그러나 동시에 치명적이다. 정의는 필요하다. 하지만 그 정의가 기업을 떠나게 한다면, 그 결과는 누구를 위한 것인가? 역사적으로 자산가를 몰아낸 국가들이 강해진 적은 거의 없었다.

결론: 지금 우리는 무엇을 추방하고 있는가

알람브라 칙령은 유대인만 추방한 것이 아니라, 국가의 축적된 자산과 기술, 경영, 혁신 능력을 몰아냈다. 오늘날 한국 사회에서 우리는 정서적 정의와 정치적 구호라는 이름으로 자산가, 산업자본, 기술 기업들을 사회의 경계로 밀어내고 있지는 않은가?

정당한 감시는 필요하지만, 무차별한 적대는 산업을 떠나게 하고, 산업의 이탈은 곧 중산층의 해체로 이어진다.

이제 우리는 다시 질문해야 한다. 누가 기업을 떠나게 했는가? 그것이 구조였는지, 여론이었는지, 제도였는지. 그리고 그 대가를 누구에게 치르게 할 것인지.

세계사 속 '자산 추방 → 국가 쇠퇴' 사례 도식

스페인(1492) — 알람브라 칙령

- 조치: 유대인 추방령(종교적 이유 명분)
  - └ 금융, 행정, 상업, 교육 인프라 인재 대거 이탈
- 결과: 단기적 정치 통합 → 중장기 경제 쇠퇴
  - 상업·세금 기반 약화, 유럽 내 금융주도권 상실, 산업혁명 낙오

프랑스(1685) — 낭트 칙령 폐지

- 조치: 위그노(개신교 상공인) 박해·추방
  - └ 상공업, 수공예, 기술 인력 수십만 명 독일·스위스로 이주
- 결과: 프랑스 제조 기반 약화 → 독일·스위스 기술력 급성장
  - 국부 유출, 지역 균형 상실, 이민 유입국 산업 도약

독일(1933~1941) — 나치 유대인 자산 박탈

─조치: 유대인 상공업 · 금융 종사자 강제 재산 몰수 · 해외 망명

└ 유럽계 유대인 과학자·기업가 대거 미국 망명(예: 아인슈타인)

─결과: 독일 내 혁신력 급감, 미국의 과학기술 도약

제2차 세계대전 후 독일 산업 재건 장기 지연

아르헨티나(20세기 중반) — 자산가 반감의 대중 포퓰리즘

─조치: '부자=적폐'라는 정서 주도, 자본에 대한 규제·세금·몰수 정책 확대

└ 기업가와 기술자들의 탈출, 해외 이민, 투자 급감

─결과: '라틴 아메리카 최고 부국' → 고질적 인플레이션·산업 후진화

중산층 몰락, 국가신뢰도 붕괴

📖 공통 구조 요약

자산계층/산업자본 추방 or 탈출 → 세수·기술·고용 기반 이탈 → 국가 경쟁력 저하 + 중산층 기반 붕괴 → 후속 세대가 장기적 쇠퇴 대가 감당

CHAPTER

17

산업자본을 위한 연착륙
: 한국 사회가 바뀌어야 할 제도와 문화

산업은 보호받지 못했고, 기업은 신뢰받지 못했다. 앞선 장에서 우리는 목격했다. 미국이 제조업을 어떻게 잃었고, 그 과정에서 어떤 기업들이 사라졌으며, 그 결과로 어떤 도시와 공동체가 무너졌는지를. 그리고 지금 한국에서도 그 장면이 반복되고 있음을.

한국은 아직 기회가 있다. 그러나 그 기회를 붙잡으려면, 단지 과거를 반성하는 것만으로는 부족하다. 이제는 산업자본을 지키기 위한 제도적 기반과 사회적 문화적 공감대를 설계해야 한다.

연착륙이란 무엇인가? 극단을 피하고, 혼란을 줄이며, 다음 세대로 이어지는 안전한 전환을 말한다.

제도 1: 기업 승계와 상속세의 구조적 개혁

한국의 상속세는 세계 최고 수준이다. 대기업의 실효세율은 60%를 넘고, 가업을 물려주려면 기업을 분할하거나, 팔거나, 주가를 조작해야 하는 상황이 발생한다. 이 구조는

- 편법 승계를 유도하고,
- 공정성 논란을 촉발하며,
- 산업자본의 연속성을 끊는다.

독일, 스웨덴, 대만 등은 상속세 부담을 줄이는 대신 공익재단 출연, 고용 유지, 기술 투자 등의 조건을 걸어 '상속세 없는 사회계약'을 설계했다.

한국도 공익 조건부 상속세 감면 제도, 기업형 재단에 대한 세제 유인, 장기 고용 유지형 상속모델 등을 도입해 산업자본의 계승

이 가능하도록 만들어야 한다.

제도 2: 산업기반 유지를 위한 전략 산업 지역 지정제

지금 군산, 창원, 구미, 거제 등 한때 산업 중심이었던 지역들이 조용히 공동화되고 있다. 이에 대응해 정부는,

- '전략산업 지역 지정제'를 도입하고
- 해당 지역에 세제 · 금융 · R&D 지원을 집중하고
- 산업 생태계 유지에 필요한 핵심 인프라(기술고등학교, 전문대학, 공용 R&D 센터 등)를 복원해야 한다.

이는 단지 지역경제를 위한 정책이 아니라, 산업자본을 국가 단위가 아닌 지역 단위에서 보호하는 방식이다.

제도 3: 산업자본 보호를 위한 '국가-노동-기업' 3자 사회계약

산업이 살아야 노동이 살고, 산업이 있어야 세금이 생기고, 세금이 있어야 복지가 존재한다.

이 당연한 구조를 복원하려면, 국가(정부), 노동계(노조), 산업(기업)이 '장기적 산업보호 공감대'를 형성해야 한다.

- 기업은 고용과 기술투자를 약속하고
- 노동계는 산업유지를 위한 유연성을 인정하고
- 정부는 정책적 예측 가능성과 인센티브를 제공한다.

산업은 누가 지켜야 하는가? 모두가 함께 지켜야 한다.

문화 1: "기업은 이윤만 추구한다"는 프레임을 넘어서야 한다

모든 이익은 누군가의 원가에서 온다는 사고방식은, 기업을 영원한 가해자로, 시민을 영원한 피해자로 만든다.

그러나 현실은 다르다. 기업이 낸 법인세로 복지가 운영되고, 고용이 있어야 가계가 생기며, 기술이 있어야 국가의 경쟁력이 있다.

기업은 공공성 없는 이익만 추구해서는 안 되지만, 사회도 기업의 이익 자체를 적대시해서는 안 된다.

"좋은 기업이 돈을 버는 구조"를 지지하는 문화가 필요하다.

문화 2: '착한 기업'이 아니라, '책임 있는 산업자본'을 응원하자

한국 사회는 지나치게 도덕적 기준으로 기업을 평가한다. 100점이 아니면 비난하고, 한 번 실수하면 용납하지 않는다. 그러나 기업은 시스템이다. 사람의 집합이고, 기술과 조직의 축적이며, 사회적 구조의 일부다.

우리는 '흠 없는 기업'을 찾기보다, '공정하게 변화하려는 기업'을 응원해야 한다. 변화는 비난이 아니라, 신뢰를 통해 가능하다.

결론: 산업자본이 떠나지 않도록, 사회가 먼저 붙잡아야 한다

"미국의 제조업은 왜 망했나?"의 결론은 단순하다. 미국은 산업을 놓쳤고, 산업을 잃고 나서야 그 가치에 눈떴다. 한국은 아직 늦지 않았다. 제도는 고칠 수 있고, 문화는 바뀔 수 있다. 산업자본은 그 자체로 국부의 축적이고, 다음 세대의 삶의 기반이며, 복지국가의 재정적 토대다.

이제 한국 사회는 정서가 아니라 구조로, 분노가 아니라 제도로, 정의가 아니라 설계로 산업을 지켜야 한다. 그것이 산업자본의 연착륙이며, 대한민국의 지속 가능성을 위한 선택이다.

보고서 사모펀드와 행동주의 헤지펀드 개입의 영향 분석 보고서

서론: 사모펀드 및 행동주의 헤지펀드 개입의 배경과 논쟁

1980년대 이후 미국 기업들, 특히 제조업과 서비스업 분야에서는 레버리지드 바이아웃(LBO)을 중심으로 한 사모펀드(Private Equity, PE)와 적극적 주주권 행사를 통한 행동주의 헤지펀드의 개입이 크게 증가했다. 이러한 투자자들은 기업 지배구조와 전략에 변화를 주어 구조조정을 단행하고, 성과 향상을 꾀한다는 공통점이 있지만 그 장기적 효과를 두고 다양한 견해가 대립해 왔다[ifn.seresearch.upjohn.org]. 한편으로는 Jensen(1989) 등의 학자들이 "사모펀드의 적극적 경영개입이 비효율을 제거하고 기업 가치를 제고한다"고 주장해 왔고, 행동주의 펀드도 저평가된 기업의 잠재력을 끌어올려 성장성과 수익성을 회복시킨다고 옹호한다[ifn.senber.org]. 다른 한편으로는 Shleifer & Summers(1988)의 "신뢰의 훼손(*breach of trust*)" 이론처럼 "이러한 개입이 종종 종업원 등 이해관계자의 몫을 주주에게 이전시키며" 고용 감소나 장기 불안정을 야기할 수 있다는 비판도 제기된다[ifn.se]. 본 보고서에서는 1980년대 이후 미국 제조·서비스 기업을 대상으로 한 사모펀드 및 행동주의 헤지펀드 개입의 효과에 관한 주요 학술 연구를 검토한다. 특히 기업 구조조정, 장기적 성장성, 수익성 회복, 고용 및 안정성에 미친 긍정적 · 부정적 영향을 균형 있게 살펴보고, 각 연구의 핵심 주장과 실증 결과를 정리한다.

긍정적 영향: 구조조정 성공과 성장·수익성 개선

다수의 연구는 사모펀드 LBO나 행동주의 펀드 개입이 기업의 운영 효율을 높이고 장기 성과를 개선한다고 보고한다. Kaplan(1989)은 1980년대 실시된 76건의 공개기업 LBO를 분석하여, LBO 이후 기업이 투자 축소와 자산 매각을 통해 비용을 절감함으로써 매출 대비 이익률 등 수익성이 유의하게 개선되었다고 밝혔다[faculty.haas.berkeley.edu]. 당시 LBO 대상 기업들은 대체로 기존 경영진의 비효율적 투자로 "잉여현금흐름 문제"를 안고 있었고, 사모펀드 인수 후 강력한 거버넌스 개선과 경영진 인센티브 제고로 이러한 낭비를 줄인 결과 수익성이 높아진 것이다faculty.haas.berkeley.eduifn.se. Lichtenberg & Siegel(1990)의 영향력 있는 연구는 1981~1986년 사이 제조업 공장 1,100여 곳의 데이터를 통해, LBO를 거친 사업장은 동종 업계 대비 총요소생산성(TFP)이 크게 향상되었다고 보고했다nber.org. 이들은 "LBO가 생산방식의 혁신으로 작용하여 생산 인력의 생산성을 높이고 불필요한 간접인건비를 절감한다"고 분석했는데, 실제로 LBO 이후 백색직(사무직) 고용과 임금을 줄이는 대신 생산직 노동 생산성을 높이고 임금은 오히려 상승하는 경향이 발견되었다nber.orgfaculty.haas.berkeley.edu. 또한 LBO 이후 자본투자가 산업 평균 대비 감소하긴 하나, LBO 이전에 이미 진행되던 축소 추세보다 완만해지는 등 일부 기업에서는 오히려 경영 안정성과 생산설비 효율이 개선된 정황도 포착되었다nber.org. 이러한 결과는 LBO를 통한 구조조정이 "고통은 伴한 효율화"를 통해 생산성 향상과 장기 가치제고를 달성할 수 있음을 보여준다.

사모펀드의 역할이 단순한 비용절감을 넘어 성장 촉진으로 나타날 수 있다는 증거도 있다. Boucly, Sraer & Thesmar(2011)은 프랑스 기업 839건의 LBO를 연구하여, LBO 이후 3년간 대상 기업의 매출 성장률과 이익률이 통제군 대비 크게 향상되고 설비투자 증가율도 높았다고 보고했다faculty.haas.berkeley.edu. 특히 "사모펀드가 자금 조달을 용이하게 해줘 이전까지 제약으로 작용했던 성장 기회를 포착한 결과"라고 해석하며, 대주주가 된 PE펀드의 재무지원과 확장 전략이 성장으로 이어진 사례를 제시했다faculty.haas.berkeley.edu. 이는 기존 문헌이 LBO를 "비용절감 위주"로만 보던 관점을 보완하여, 재무구조 개선을 통한 성장 잠재력 실현이라는 긍정적 측면을 강조한 연구이다.

행동주의 헤지펀드의 개입도 기업 가치와 장기성과를 높일 수 있다는 실증결과가 쌓였다. Brav, Jiang 등(2008)은 행동주의 헤지펀드가 지분을 확보하고 경영 개선을 요구한 미국 기업들의 사례를 분석하여, 개입 발표 후 단기 주가 상승(평균 7~8%)뿐 아니라 1~2년 내 영업이익률 등 실적 개선이 통계적으로 유의하다고 밝혔다. 또한 Bebchuk, Brav & Jiang(2015)의 5년 추적 연구는 행동주의 펀드 개입 기업이 "단기 주가만 일시적으로 높아지고 장기적으로는 하락한다"는 비판과 달리, 개입 후 3~5년 시점의 토빈 Q와 자산수익률(ROA)이 개입 당시보다 유의하게 높아지는 경향을 발견했다nber.org. 이들은 "행동주의 주주의 간섭이 기업의 장기

가치훼손 증거를 찾을 수 없으며, 오히려 5년 후에도 동종기업 대비 높은 성과를 보인다"고 결론지으며, 행동주의에 대한 "단기주의(myopic)" 비판을 반박했다 nber.orgnber.org. 나아가 행동주의 펀드 개입이 혁신성과를 높인다는 연구도 주목된다. Brav 등(2020, Journal of Financial Economics 예정)은 "행동주의 펀드가 개입한 기업은 R&D 투자 규모는 다소 줄이지만, 5년 내 특허출원 수와 인용 횟수가 증가하여 연구개발 효율이 향상된다"는 결과를 발표했다law.nyu.edu. 이는 행동주의가 사업 포트폴리오를 재편하고 비핵심 분야의 기술자산을 매각하여 핵심역량에 자원 재배분을 한 결과, 혁신의 질과 집중도가 높아진 것으로 해석된다 law.nyu.edushareholderforum.com. 종합하면, 많은 학술 연구들이 사모펀드 및 행동주의 헤지펀드의 개입이 구조조정을 통해 효율성을 제고하고, 기업의 장기 수익성과 가치 성장에 기여할 수 있다는 증거를 제시하고 있다papers.ssrn.comnber.org.

부정적 영향: 기업 해체, 고용 감소와 장기 안정성 우려

한편, 과도한 구조조정과 단기이익 추구로 인한 부작용을 지적하는 연구들도 다수 존재한다. 우선 고용 영향 측면에서, 사모펀드 LBO는 종종 일자리 감축을 동반한다는 증거가 있다. Kaplan(1989)의 표본에서 LBO를 마친 기업들은 거래 직전 연말 대비 1년 후 고용 규모가 중앙값 기준 약 12% 감소한 것으로 나타났다 hbs.edu. Muscarella & Vetsuypens(1990)은 LBO 후 재상장한 기업 26곳을 분석했는데, LBO 기간 동안 고용이 평균 0.6% 줄어들었다고 보고했다. 또한 Amess & Wright(2007) 등 영국 연구와 Davis 등(2014) 미국 연구 모두 "PE 인수 기업은 통제군에 비해 인수 후 고용증가율이 낮거나 일부 감소한다"는 유사한 결과를 내놓았다faculty.haas.berkeley.edu. Davis et al.(2014)의 대규모 조사에서는, 미국의 PE 바이아웃 대상기업 사업장들이 인수 5년 후까지 통제그룹 대비 누적 6%포인트 정도 순고용 감소를 겪었다고 한다hbs.edu. 다만 이 연구는 흥미롭게도 기존 사업장 축소분의 상당 부분이 신규 사업장 개설이나 인수로 상쇄되어, 순감소 폭은 크지 않으며 전체적으로 보면 PE 인수가 고용구조의 "창조적 파괴"를 촉진한다고 해석했다hbs.edupapers.ssrn.com. 즉, 비효율 부문에서 일자리를 줄이는 대신 성장 부문에서 새 일자리를 창출하는 재편 효과가 있다는 것이다. 그럼에도 LBO 초기에는 해고나 조직 슬림화로 인한 직원들의 충격이 불가피하며, 특히 사무관리직 등 간접인력의 감축 비중이 높다는 점이 보고되었다[faculty.haas.berkeley.edu]. Lichtenberg & Siegel(1990)도 LBO 기업에서 관리직/간접직 인건비 비중이 크게 감소함을 확인했는데, 이는 "경영진이 종업원과 맺은 암묵적 고용계약을 파기하고 임금을 억제하거나 구조조정으로 종업원 몫의 가치를 주주에게 이전한 결과"일 수 있다고 지적되었다[ifn.se]. Shleifer와 Summers(1988)은 이러한 행위를 기업이 장기간 쌓아온 노사 신뢰를 깨뜨리는 행위로 규정하며, LBO로 인한 주주이익의 상당 부분이 근로자 희생에 따른 것일 수 있음을 시사했다[ifn.se]. 실제 사례로 1980년대 후반 LBO 열풍기에 과도한 부채를 안고 인수되었던 일부 기업들은, 인수 후 인건비 절감을 위한 대규모 해고와 자산 매각을 실시했으나 경기 침체 시기에 파산에 이르는 장기 불안정을 겪기도 했다. Kaplan & Stein(1993)은 "후반기 LBO 시장의 과열로 인수 가격이 지나치게 높아지고 부채 비율이 과도했던 결과, 1985~1989년 사이 완료된 LBO 거래 83건 중 22건(약 27%)이 채무불이행을 겪고 9건은 파산에 이르렀다"고 보고했다[blogs.kcl.ac.uk]. 이는 같은 조사에서 1980~1984년 LBO의 디폴트 사례가 41건 중 1건에 불과했던 것과 대조적이다. 이러한 무리한 차입 인수의 실패 사례들은 PE 방식의 구조조정이 잘못 시행될 경우 기업 존속 자체가 위협받는 위험을 보여준다. 다행히 2000년대 중반 이후로는 PE 업계의 위험관리 개선으로 LBO 기업의 평균 파산율이 낮아져, 1970~2007년 글로벌 분석 기준 6% 내외에 불과하며 일반 기업 채권 평균 부도율보다도 낮았다는 보고도 있다[blogs.kcl.ac.uk]. 그러나 2000년대 후반 토이저러스(Toys "R" Us)나 시어스(Sears)처럼 PE 인수 후 높은 부채 부담을 견디지 못하고 파산하여 대규모 실직을 낳은 사례가 나오면서, 여전히 "사모펀드가 기업을 분할·해체하고 단기 차익만 챙긴다"는 비판적 시각이 잔존해 있다.

행동주의 헤지펀드의 개입에 대해서도 일부 부정적 효과가 지적된다. 행동주의 펀드는 경영진에 대한 압력으로 배당 및 자사주매입 증대, 비용절감, 사업매각 등 단기 재무지표 개선을 요구하는 경우가 많아, 장기 성장투자 위축과 고용불안을 초래할 수 있다는 우려가 있다[business.columbia.eduresearch.upjohn.org]. 실제 사례 분석에 따르면 행동주의 펀드가 개입한 기업은 설비투자(CAPEX)가 점진적으로 축소되는 경향이 발견되며, 개입 3년 후에는 "개입 이전보다 유의하게 투자 수준이 낮아진다"는 증거가 있다business.columbia.edu. 또한 기존 사업을 분할 · 매각하여 주주가치를 높이는 전략은 기업 해체(dismantling)에 가까워, 장기적 사업다각화나 연구개발 역량을 약화시킬 위험이 있다. 예컨대 행동주의 펀드의 압력을 받아 핵심 사업을 남기고 기타 부문을 매각한 회사의 경우, 단기 수익성은 개선될지라도 장기 성장동력은 줄어들 수 있다는 지적이다. 고용 측면에서도 행동주의 펀드 개입 후 인력 조정이 잦다는 연구가 있다. DesJardine & Durand 등의 최근 연구에 따르면, 행동주의 헤지펀드가 지분을 확보해 경영에 관여한 기업은 1년 후 고용이 평균 4.5% 감소하고 5년 후에는 7%까지 감소한 것으로 나타났다unpri.org. 이는 해당 기간 기업 규모 변화(성장 둔화 등)을 통제한 수치로, 명백히 행동주의 개입이 인력 축소와 비용절감 압력으로 연결됨을 시사한다. 한편, 이러한 단기 성과 지향이 장기적인 불안정으로 이어질 것이라는 비판적 가설(이른바 "행동주의의 단기주의적 폐해")에 대해서는 앞서 본 Bebchuk 등의 연구처럼 뚜렷한 실증 증거가 부족하다 nber.orgnber.org. Bebchuk 등은 행동주의 펀드가 단기 이익을 위해 연구개발이나 직원훈련 등 장기투자를 희생시킨다면, 결국 몇 년 내 성과가 악화되거나 금융위기와 같은 충격에 더 취약해질 것이라는 우려를 제기한 비판가들의 주장을 검증했다. 그러나 행동주의 펀드 개입 기업이 금융위기 등 외부 충격기에 더 큰 성과 악화나 파산 위험을 보인다는 증거는 발견되지 않았다nber.org. 오히려 행동주의 펀드는 주로 저평가·저성과 기업을 표적으로 삼아 구조를 단순화하고 비용을 통제하여 "숨은 가치를 실현"하지만, 그 과정에서 고용 감소나 사회적 책임(CSR) 축소와 같은 부작용을 동반한다는 견해가 제시되고 있다research.upjohn.org. 가령 행동주의 펀드 개입 후 기업의 환경 · 사회책임지출이 감소하고 단기 수익성 지표 위주로 경영이 재편되는 현상이 보고되어, "행동주의 투자로 이익은 개선되지만 기업의 사회적 가치나 고용 안정성은 저하될 수 있다"는 균형적 평가도 나오고 있다.

결론: 균형적 평가

종합하면, 1980년대 이후 사모펀드와 행동주의 헤지펀드의 기업 개입은 성공적인 구조조정과 성과 개선의 사례와 동시에 고용 감소와 장기 불안정성에 대한 우려를 모두 남겼다. 학술 연구들은 전반적으로 이들 투자자의 개입이 기업의 생산성, 수익성, 주주가치를 향상시키는 실증 증거를 다수 제시하고 있다papers.ssrn.com nber.org. 전문 경영인 교체와 강력한 인센티브 부여, 부채 활용 등의 "지배구조 · 재무공학" 기법을 통해 느슨했던 기업을 긴장시키고 효율을 높인 결과, 장기 성장률 회복과 이익률 개선을 달성한 사례들이 보고되었다faculty.haas.berkeley.edufaculty.haas.berkeley.edu. 특히 잠재력은 있으나 자금이나 경영 역량이 부족했던 기업들이 PE의 지원으로 성장 기회를 살리거나, 행동주의 펀드의 압박으로 불필요한 비용을 절감하여 회생한 경우도 있다. 한편, 이러한 구조조정이 필연적으로 수반하는 비용도 무시할 수 없다. 인력 구조조정과 암묵적 계약의 파기로 근로자와 기타 이해관계자가 희생되고ifn.se, 일부 기업들은 지나친 단기 성과 압박으로 연구개발 및 장기투자가 위축되며business.columbia.edu, 극단적인 경우 과도한 부채로 인한 파산 위험까지 초래되었다blogs.kcl.ac.uk. 따라서 사모펀드·행동주의 펀드 개입의 효과는 기업의 상황과 개입 방식에 따라 상이하며, "가치 창출"과 "가치 이전" 사이의 균형이 중요하다고 하겠다. 성공적인 사례에서는 투자자들의 개입이 전략 변화를 통한 장기 성장성 회복으로 이어졌지만faculty.haas. berkeley.edunber.org, 실패하거나 부정적 영향이 큰 경우 단기 이익 실현 후 기업이 해체되거나 장기적 기반을 훼손하기도 했다blogs.kcl.ac.ukbusiness.columbia. edu. 결국 학계의 최신 연구들은 이러한 상반된 효과를 모두 고려하여, 사모펀드와 행동주의 헤지펀드의 기업 개입이 가져오는 성패를 구분하는 요인에 주목하고 있다. 투자자들의 지배구조 개선 노력과 장기 전략이 조화를 이룰 때 기업은 지속가능한 성장과 수익성 회복을 달성할 수 있지만, 그렇지 못할 경우 일시적 주주이익에 그치고 장기 불안정으로 이어질 수 있다는 것이다research.upjohn.org. 따라서 정책 입안자와 기업 입장에서는 이러한 연구 결과를 바탕으로, 외부 투자자의 개입을 유도하되 기업의 장기 안정성과 이해관계자 가치도 보호하는 균형 잡힌 거버넌스 장치를 마련하는 것이 중요하다.

맺음말

주주가치만으로는 기업을 설명할 수 없다. 1990년대 이후, 기업의 존재 이유는 명확해졌다. 주주가치 극대화. 투자자에게 이익을 돌려주는 것이 기업의 핵심 임무가 되었고, CEO는 주가로 평가받고, 이사회는 배당으로 움직이며, 경영전략은 IR 자료에 맞춰 재구성되었다. 그러나 이 책을 통해 우리는 확인했다. 주주가치만으로 기업을 설명하기에는, 기업은 너무도 복잡하고 사회적이다.

삼성이 만든 반도체는 주주만을 위한 것이 아니다. 그것은 국가의 수출이고, 수많은 협력업체의 생계이며, 청년의 첫 직장이고, 중소기업의 기술 파트너이며, 부가가치세와 법인세로 복지 재정을 지탱하는 기반이다.

현대차의 공장은 이익을 남기기 위해 존재하지만, 그 안에서 수만 명의 노동자가 가정을 꾸리고, 지역사회는 세금을 통해 학교와 병원을 운영하고, 청년은 꿈을 품는다.

주주의 이익은 기업이 만드는 '여러 가치 중 하나'일 뿐이다. 기업은 단순히 돈을 버는 조직이 아니다. 기업은 기술을 축적하고, 사람을 고용하고, 지역을 움직이고, 국가의 경쟁력을 만든다.

그렇다면 우리는 다시 묻자. "이 모든 것을 주가로 환산할 수 있는가?" "기업의 사회적 기여를 단기 수익률로 평가해도 되는가?"

미국은 주주가치를 절대화했다. 그 결과, 기업은 분할되고, 기술은 매각되었으며, 산업은 떠났고, 도시는 무너졌다. 그리고 주주가치는 지켜졌지만, 그 외 모든 것은 사라졌다.

한국은 그 길을 피할 수 있다. 산업자본을 지키는 제도, 공정하게 성장하는 기업 문화, 책임감 있는 투자자, 신뢰 기반의 시민 의식이 만들어진다면 말이다.

이 책은 질문한다. 우리는 기업을 무엇으로 이해할 것인가? 그리고 산업을 누구의 것으로 바라볼 것인가? 답은 하나다. 기업은 주주의 것이면서도, 사회의 것이다. 산업은 투자처이자, 삶의 터전이다.

주주가치만으로는 기업을 설명할 수 없다. 그 안에는 기술이 있고, 사람이 있고, 공동체가 있다. 이제는 숫자가 아니라, 서로를 연결하는 '가치'의 언어로 기업을 이해해야 한다. 그것이 대한민국이 산업자본을 지키고, 함께 성장하는 사회로 나아가는 길이다.

QR코드를 스캔하시면 참고문헌을 확인할 수 있습니다.

미국 제조기업은 왜 망했나

초판발행 2025년 7월 30일

지은이 신현한
펴낸이 안종만 · 안상준

편 집 전채린
기획/마케팅 장규식
표지디자인 BEN STORY
제 작 고철민 · 김원표

펴낸곳 (주) 박영사
서울특별시 금천구 가산디지털2로 53, 210호(가산동, 한라시그마밸리)
등록 1959. 3. 11. 제300-1959-1호(倫)
전 화 02)733-6771
f a x 02)736-4818
e-mail pys@pybook.co.kr
homepage www.pybook.co.kr
ISBN 979-11-303-2364-0 93320

정 가 18,000원